MPELE Léo

REVOLUTION AU CONGO BRAZZAVILLE

MPELE Léo

REVOLUTION AU CONGO BRAZZAVILLE

A LA PROCLAMATION DE L'INDEPENDANCE ET LA SOUVERAINITE DE LA NOUVELLE REPUBLIQUE DU CONGO DU SUD

Dictus Publishing

Imprint

Any brand names and product names mentioned in this book are subject to trademark, brand or patent protection and are trademarks or registered trademarks of their respective holders. The use of brand names, product names, common names, trade names, product descriptions etc. even without a particular marking in this work is in no way to be construed to mean that such names may be regarded as unrestricted in respect of trademark and brand protection legislation and could thus be used by anyone.

Cover image: www.ingimage.com

Publisher:
Dictus Publishing
is a trademark of
Dodo Books Indian Ocean Ltd. and OmniScriptum S.R.L publishing group

120 High Road, East Finchley, London, N2 9ED, United Kingdom
Str. Armeneasca 28/1, office 1, Chisinau MD-2012, Republic of Moldova, Europe
Managing Directors: Ieva Konstantinova, Victoria Ursu
info@omniscriptum.com

Printed at: see last page
ISBN: 978-620-2-47917-2

Avant tous commentaires possibles liés à cet ouvrage de grande envergure. Observons d'abord une minute de silence pour toutes les victimes de la machine meurtrière de papa Denis Sassou Nguesso sans oublier évidement les multiples enlèvements, les tortures, les empoissonnements des dignitaires civils et hauts gradés des F.A.C, les détentions arbitraires, et la répression sauvage au cours des manifestations pacifiques, les grèves et j'en passe.

Merci.

<u>**Voici le fameux discours du siècle de l'an 2025 relatif à la Révolution de notre beau pays la République du Congo Brazzaville.**</u>

Très chers fils, filles, petits fils, petites filles, arrières petits-enfants, pères et grands-pères originaires de l'Est, de l'Ouest, du Nord et du Sud.

Le présent discours est un discours du siècle parce que la République du Congo Brazzaville va entrer dans une nouvelle ère.

Ladite révolution va prendre son élan grâce à notre courage à tous, à notre volonté et notre patriotisme.

Nous n'allons plus continuer à critiquer le pouvoir en place car il y a déjà des milliers de tonnes de critiques mais il n'y a toujours pas peut-être d'impact majeur.

Nous n'allons pas avoir non plus un esprit revanchard ni haineux. C'est un grand moment historique de notre nation.

Et une page doit être tourner impérativement.

De quoi s'agit-il ? Très chers compatriotes.

Il est donc question de procéder par une scission entre le Nord et le Sud.

Et de facto la proclamation de l'Indépendance et la Souveraineté de la <u>Nouvelle République du Congo du Sud</u>.

De ce fait cette République du Congo du Sud sera constituée de cinq ETATS :

1- **L'ETAT DU KOUILOU**

2- **L'ETAT DU NIARI**

3- **L'ETAT DE LA BOUENZA**

4- **L'ETAT DE LA LEKOUMOU**

5- **L'ETAT DU POOL**

Alors Brazzaville et tous les autres départements du Nord sera s'ils le désirent la <u>**République du Congo du Nord**</u>.

Et le dictateur Denis Sassou Nguesso pourra désormais diriger à vie.

Nous pensons que cet acte est bien fondé et tout le monde le sait que nous avons raison.

Nous allons essayer avec bravoure et détermination de faire de notre nouvelle République du Sud une grande mais très petite nation digne socialement, économiquement et politiquement.

Remettre le compteur à zéro afin de laisser à nos progénitures un héritage précieux et non empoisonné.

Il faut donnez des postes clés à des technocrates de bonne moralité car le 55eme État du continent à besoin des fortes institutions et des hommes intègres et non des hommes puissants.

Au lieu de sombrer plus tard dans une impasse, nous avons pris ce risque pour la jeunesse des congolais du Congo Sud.

Nous prénoms à témoin toutes les Institutions de la planète tous aux moins crédibles comme le Conseil de sécurité des Nations Unies, la Cour Internationale de l'Humanité, la Cour Pénale Internationale etc. Sans oublier les différentes O.N.G.

Concernant notre Institution Maison, l'Union Africaine nous disons seulement que vous devez faire preuve d'une grande sagesse sans partie prie.

Vive la République du Congo du Sud.

Vive la patrie.

Justice-Solidarité-Emergence

Le hasard n'existe pas, vous le saviez bien. Et tout ce qui nous arrive est voulu par le bon Dieu, nul ne peut s'échapper à son destin. Donc si Dieu a voulu que vous puissiez naitre en République du Congo et résider soit du côté du Sud ou du côté du Nord en ce net moment de la séparation c'est la volonté de Dieu tout puissant. Alors vous restez là ou vous êtes jusqu'à nouvel ordre. Et surtout pas de panique car rien n'est figé, tout est changement, et tout est mouvement.

Monsieur Denis Sassou Nguesso pourra implanter une base militaire de la Russie, de la Chine et ou de la Corée du Nord. Nous en République du Congo du Sud nous ne voulons pas de ces nations qui ont des dirigeants dictateurs. J'espère que nous nous comprenions. Nous ne voulons plus encore d'une autre guerre civile. Mais acceptez néanmoins de bon grès ladite scission. Même si ce n'est pas du tout facile de vous faire avaler la pilule. Le problème c'est que vous n'avez pas eu vraiment de chance avec votre type Denis Sassou Nguesso qui est un assoiffé de pouvoir.

En ce qui me concerne moi-même.

Si je ne suis pas le premier Président de la République du Congo du Sud.

Si le processus de cette révolution que j'envisage ne commence pas cette année 2025.

Si nous n'avons pas de garantie ou de protection d'une tierce nation.

Si la République Française ne veut pas tourner le dos à cet imbécile de Denis Sassou Nguesso et qu'elle continue à soutenir une dictature.

Si la condition ci ne quoi nomme pour être le président d'une nation il faut être dans une loge.

Je vais laisser tomber ce vaste projet de scission et consacré le reste de ma vie à la culture et les arts sans oublier l'écriture.

Je ne ferais plus de la politique car je ne pas commencer la politique au sous-sol ou même au sous-sol. Il faut que je sois impérativement au sommet. Ou ça passe où ça casse. Ainsi va la vie.

C'est d'ailleurs la raison pour laquelle il y aura deux tombes dans mon testament, une tombe peut être pour l'échec de la révolution et une deuxième tombe pour ma propre personne.

<u>**A Denis Sassou Nguesso,**</u>

<u>**L'Ex président du Congo Brazzaville et (future) président de la République du Congo du Nord.**</u>

Vous êtes seulement une véritable trouble faite. Ce qui est sûr et certain c'est que vous êtes conscient de la manière dont vous avez gouvernez ce pays.

Mais vous ne pouvez pas imaginer un seul instant l'avenue de cette révolution. Chaque chose à son temps.

Vous êtes donc le seul responsable de ladite scission.

Mais vous avez encore un peu de pouvoir au cas ou vos collaborateurs vous laisse une chance de diriger encore la République du Congo du Nord.

Vous devez s'abstenir de mener un contre offensif à l'égard de la population civile du Sud et demander à la force publique de déposer les armes.

Au contraire, faite un discours d'apaisement dans lequel vous allez peut-être annoncer votre démission. Et accepter de votre grès la création de cette République du Nord avec une nouvelle constitution.

Rappeler vous bien de la chute de vos homologues dictateurs largement puissants que vous comme Joseph Desire Mobutu Sessesseko, le colonel Mouhamar Kadaffi et tout récemment le président Alpha Conné et Bachar Al-Assad.

Si vous étiez un vrai fils de sang, originaire du Nord avec un acte de naissance non falsifier, en bon et due forme vous ne devriez pas oser faire assassiner le capitaine Pierre Anga. Et orchestré un génocide à Owando.

Vous avez fait assassiner vos proches parents du Nord comme Jacques Katali, Ossence Ikonga, le colonel Tsourou décédé en prison et bien autres grâce à votre pouvoir. Et on trouve quand même quelques abrutis nordistes qui vous soutiennent encore aveuglement.

Cette dite révolution va prendre son élan en cette année 2025. C'est à vous de faire un choix judicieux. Fuir et sortir du pays. S'opposer à cette révolution ou diriger la République du Congo du Nord.

Normalement, si vous étiez un homme très sage et que vous avez respecté la limitation de mandat le problème ne se poserait pas en tout cas. Et ça vous fait plaisir de recevoir le président rentrant du Ghana alors le sortant Nana Akufo Addo a respecté la limitation de mandat à deux. Vous n'avez pas vraiment honte que les congolais même ceux qui ont l'âge de vos petits-enfants vous critique tous les jours. Pourquoi vous êtes en train de ternir l'image de notre nation ?

Est-ce que vous êtes le premier président du Congo Brazzaville ?

Est-ce que vous serez également le dernier président ?

Ah bon entendeur salut.

QUELQUES IDEES DE LA REVOLUTION

Vous avez constaté que je n'ai pas fait état des armes de guerre. Donc il s'agit d'une révolution tout au moins pacifique. Le peuple du Burkina Fasso avait chassé leur président Blaise Compaoré sans un appui de l'armée. Ça ne sera pas facile mais ce n'est pas impossible. Il faut seulement croire. Qui ne risque rien n'a rien. Je crois que cela va couter très cher à Denis Sassou Nguesso s'il ose de disperser les foules par l'intermédiaire de ces soldats.

S'il existe deux Républiques de Corée, deux Soudan donc c'est possible de créer aussi deux Congo. Avant que les frontières se ferment.

Les militaires et les policiers originaire du Nord peuvent rentrer sur Brazzaville pour déposer Denis Sassou Nguesso à Oyo et naturellement mettre de l'ordre.

Il y a, je pense permis eux quelqu'un comme le General Brice Clotaire Oligui Nguema. Même s'ils sont bornés par le fanatisme mais franchement, quatre décennies de confiscation de pouvoir c'est vraiment trop exagéré.

La République du Congo du Sud ne sera pas une République des paresseux mais des travailleurs acharnés. Les agents de la fonction publique de Denis Sassou Nguesso sont des grattes papiers qui travaillent de 10 heures à 13 heures. De même les militaires vont dormir dans leurs casernes respectives et touchent des gros salaires.

En République du Congo du Sud c'est la liberté qui va résignée. Chaque État doit mettre les moyens pour développer le secteur privé. Chaque congolais doit trouver quelque chose à faire. Les portes de l'étranger seront grandement ouvertes pour se former et rentrer à la maison afin de porter la pierre à l'édifice.

Le mandat présidentiel sera de cinq ans renouvelable une seule fois sans complaisance.

Il y a des cadres chevronnés originaires du Sud qui vont rentrer pour écrire la constitution. Si nous servions honnêtement notre nouvelle patrie la République du Congo du Sud nous serions des véritables héros.

Et nous n'allons pas laisser un héritage empoisonné à nos enfants. Les demandeurs d'emploi en chômage peuvent avoir pourquoi pas une indemnité de chômage.

Des états généraux de l'enseignement seront prévus car il faut des reformes de l'éducation publique et privée. Il faut des syndicats très forts au sein de chaque entreprises publique et privée.

La République du Congo ne sera plus une terre d'accueil dans la pagaille. L'ordre doit Regnier. Chaque État doit avoir un service d'immigration avec des agents non corruptibles. Le paiement de la carte de séjour sera obligatoire. Les sujets étrangers ne pourraient plus acheter anarchiquement des terres sauf si ce sont grandes entreprises.

Les petits commerces exerces par les ouest africains ne vont plus exister. Les congolais du Sud ne peuvent pas avoir les mêmes passeports, les mêmes permis de conduire, et les mêmes actes de naissance avec les étrangers, Celui ou celle qui n'est pas né en République du Congo du Sud ne peut pas en aucun cas avoir ce privilège de bénéficier la nationalité.

Au niveau de nos cinq États, le PCT le parti de DSN, les autres Partis politiques et les Associations affiliés au PCT, la Préfecture, la Mairie seront dissouts.

Les bâtiments des conseillers départementaux vont devenir des sièges de nos Gouverneurs. Denis Sassou Nguesso et sa femme, les Ministres, les Députés serons déchus de la nationalité du Congo du Sud.

Le drapeau de la République du Congo Brazzaville sera remplacé par notre drapeau.

Toutes les résidences privées de Sassou Nguesso seront désormais les bâtiments qui vont abrités **l'Université Professeur Pascal Lissouba.**

Les élèves des classes d'examens du CM2, de la 3em et de la Terminale pour l'an 2025 doivent bien garder leurs bulletins de notes des deux trimestres car c'est en fonction de ces moyennes que nous allons déclarer leur admission. Et tous les nouveaux bacheliers resteront en République du Congo du Sud.

Tous les édifices qui portent le noms Denis Sassou Nguesso vont systématiquement changer de noms.

L'Avenue General De Gaulle redeviendra l'Avenue de la Révolution du Siècle 2025.

Tous les étrangers chauffeurs de taxi ou de bus ne seront plus en circulation.

Ils vont donner leurs véhicules aux chauffeurs aux congolais du Sud.

Chaque congolais doit signaler la présence des étrangers vivant dans leurs quartiers respectifs.

La SNPC sera renommée SPCS (Société Pétrolière du Congo du Sud).

Toutes les écoles privées vont ouvrir des nouveaux sites essentiellement pour le cycle maternel. Les enfants seront séparés des grands du collège et du lycée.

La société de transport Océan du Nord appelée océan des Morts à cause des nombreux accidents sur la route nationale N*1 ne sera plus la bienvenue en République du Congo du Sud. L'océan ne se trouve pas au Nord.

 Fleuve du Nord peut être, je peux comprendre.

Les autres sociétés de transport auront le choix, soit desservir Brazzaville et le Nord du pays, soit de Pointe-Noire à Kinkala la ville de l'État du Pool.

TOTAL Energies deviendra TOTAL Energies Congo du Sud.

Et **Eni Congo du Sud.**

Le Port Autonome deviendra **Le Port International du Congo du Sud.**

Les médias privés, les chaine de radio et de télévision privées pourrons diffuser toutes sortes d'émissions sans crainte.

Les journalistes de la radio et télévision de Pointe-Noire qui sont des lâches en travaillant uniquement pour le pouvoir de Denis Sassou Nguesso n'aurons plus de place s'ils ne changent pas leur comportement.

Quel est ce président si n'est pas voyou qui atterri dans la capitale économique Pointe-Noire qui est le poumon de l'économie du pays pour poser la première pierre pour un complexe pénitencier et la toute première université publique en 42 ans de règne au pouvoir et disparait pendant plusieurs mois sans commencer les chantiers.

Quel sera son bilan en mars 2026 ?

Je ne suis pas un économiste, un contrôleur de gestion, un expert-comptable encore moins un agent de la fiscalité donc je serai incapable de prouver combien de centaine de millions de francs CFA que le régime de Denis Sassou Nguesso détourne chaque année.

Mais ce que je voix de mes propres yeux franchement c'est alarmant. Ce sont des choses qui laisse à désirer.

En exemple, il y a deux chantiers qui ont commencés depuis quatorze ans mais jusqu'à présent en 2025 ce n'est pas encore terminer.

Il s'agit du chantier du plus grand marché de Pointe-Noire et du chantier du marché de friperie dans un quartier populaire de Tie-Tie. C'est vraiment déplorable que les vendeurs soient installés de chaque côté de la voie publique.

La route nationale N 3 qui arrive jusqu'à la frontière de l'enclave du Cabinda angolaise est dans un état calamiteux depuis et le gouvernement Collinet Makosso ferme les yeux. Les pauvres citoyens conducteurs passent deux, trois heures, voir même plus au volant pour arriver à destination soit du côté de la ville ou du côté de la frontière.

Au niveau des autres arrondissements de Pointe-Noire, c'est aussi pareil, le réseau routier se trouve en très mauvais état.

Et le président du Sénat Pierre Ngolo déclare que les élections du 20 mars 2026 se déroulent dans la paix et la sérénité, la paix de ces couilles. Qu'il vienne en séjour à Pointe-Noire pour visiter les routes principales et voir ce qui se passe au sein des quartiers périphériques pendant la saison des pluies.

Je crois qu'il repartira la tête basse honteux et confus et dira à Denis Sassou Nguesso que ce n'est la peine de pouvoir se présenter à ces élections, car c'est le chao. Le limogeage du Ministre de Finance ce n'est pas la solution.

 Il n'y a plus une seule société de transport urbain à Pointe-Noire. Et les élèves, les fonctionnaires, les commerçants paient le prix d'une gestion cocasse.

Ne forcer pas les choses lorsqu'on mit le pays a sac. Ils sont d'ailleurs très nombreux, les congolais originaire du Nord qui sont très déçus mais ils ont des bouches cousues de peur d'être emprisonnés et ou assassiner.

La Congolaise des Eaux, s'il faut donner une note, ça sera peut-être 8 sur 20 car eux même les cadres sont abonnés dans les forages d'eaux privées.

Le quartier Djeno, là où se trouve le Terminal du stockage de toute la production du pétrole brut produit en haute mer et à terre a Mbondi n'est pas électrifier.

Si j'écrivais un ouvrage essentiellement des critiques sur Denis Sassou Nguesso et son gouvernement ça serait le livre le plus volumineux en page avec 20 mille ou 30 mille pages et la journaliste Denis Epoté va me consacrer tête d'affiche du Congo Brazzaville non plutôt du Congo du Sud.

Mes frères et sœurs du Kouilou, réveillez-vous un peu et visualiser correctement l'état dans lequel se trouve la ville de Pointe-Noire.

D'aucun relate que Pointe-Noire est la ville pétrolière la plus dégelasse du monde. Ce n'est pas le fait que Denis Sassou Nguesso vous laisse le poste du Maire de la ville ou du Préfet que vous déviez vous rejouir.

<u>**A l'Attention de la jeunesse de la nouvelle République du Congo du Sud**</u>.

La révolution est en marche et va prendre nécessairement sa vitesse de croisière. Il n'est pas question de vous forcer à manifester. C'est notre affaire tous car notre avenir en dépend. Les jeunes imbéciles Nordistes qui vont à l'aéroport à l'arrivée et au départ de Sassou Nguesso pour une maudite somme de deux mille francs CFA n'ont pas de vision ni d'avenir.

En ce que je sache, il y aura plus d'opportunité d'emploi des jeunes qu'avant. Déjà en ce qui concerne l'éducation, chaque État va organiser ces propres examens d'État. Il y aura les grandes universités, les instituts, les écoles de formations, les banques etc. dans les cinq États.

Les cartes nationales d'identités et les passeports seront délivrés dans toutes les grandes villes de notre nation à Sibiti à Nkayi à Dolisie à Kinkala à Madingou et à Pointe-Noire. Combien de bacheliers sont à la traine et ou échouent faute de manque d'universités publiques à Pointe-Noire et ailleurs.

Ne prenez pas cet ouvrage à la légère. Il faut tenir le taureau par les cornes. Au ce net moment de ce mois de septembre 2024 se tient la 79 -ème Assemblée Générale des Nation Unies mais les dirigeants dictateurs ne s'inquiètent de rien. Donc nous devons compter que sur nous-même.

Cependant ce discours, vous pouvez si vous le souhaiter, le modifier à votre guise. Mais l'objectif à atteindre doit être le même qui n'est autre que la proclamation de l'indépendance et la souveraineté de la nouvelle République du Congo du Sud avec ces cinq Etats.

Les hommes et les femmes sages de chaque Etat doivent désigner des Gouverneurs par intérim dont l'âge varie entre 35 ans et 70 ans, en attendant de mettre de l'ordre.

Cette révolution est évidement un atout aussi pour les nordistes qui ont des bouches cousues, et pourtant la plupart ne sont pas du tout contents du comportement néfaste de leur chef, qui d'ailleurs est en train de vouloir se faire succéder par son fils.

Les jeunes intellectuels de chaque État doivent expliquer à nos pères et grands-pères l'importance de cette scission en langue nationale. Tous les jours qu'il pleuve ou qu'il fasse chaud, nous devrions être sur place à des endroits stratégiques avec des affiches, des drapelets et autres ou seront écrit :

Vive la révolution.

Vive la République du Congo du Sud.

La séparation c'est maintenant.

Le Sud est à nous et le Nord pour eux.

Nous devrions apprendre à découper et redessiner notre nouvelle carte de la République du Congo du Sud. Et si nous observons bien nous n'avons plus 30 ou 40%, toute la plus grande partie leur revienne comme ils sont très gourmands ça va leur arranger.

Mais de grâce de vandalisez pas, ne piller pas, ne voler pas non plus et ne violer surtout nos propres sœurs.

<u>**HA LES HOMMES DU NORD**</u>

Pourquoi vous les hommes du Nord, vous êtes vraiment trop gourmand comme ça. Pendant quatre décennies, vous avez confisqué le pouvoir sans partage.

t votre conscience n'est pas jusque-là bouleversée.

Est-ce que vous avez pensé à l'avenir des Mbochi et les autre ethnies. Rien n'est éternel à plus forte raison le pouvoir.

Imaginez un seul instant s'il s'agissait d'un président originaire du Sud qui c'est créponné au pouvoir pendant quarante-deux ans, vous devriez crier à un scandale.

Jusque-là, vous n'avez pas encore compris que ce qui compte pour votre leader Denis Sassou Nguesso c'est son pouvoir.

N'oubliez pas aussi qu'il avait un coup d'État contre le Président Jacques Joachin Yombi Opango et le pauvre a fait douze ans de prison ferme. Alors qu'il avait préparé ensemble le coup d'État du président Marien Ngouabi.

Lorsque vous aurez un autre président de votre République du Congo du Nord plus sympathique coopératif et naturellement démocrate, nous pourrions envisage une réunification mais pas avant trente ans.

Je comprends la raison pour laquelle il n'existe pas un palais présidentiel en République du Congo Brazzaville. Mpila est tout simplement une résidence privée. Déjà la population de la Likouala et de la Sanga ont dit non à Denis Sassou Nguesso.

Ils ont montré des vidéos des salles de classe dégelasses avec de tables-bancs non décent alors que ce Département produit du bois. Ça commence à chauffer au Nord. Mais ça leur regarde. Et qu'ils décident le sort réservé à papa Sassou Nguesso.

Il existe une anecdote qui relate que :

Dans une caisse où il y a 100 Francs CFA, l'homme du Nord va détourner 90 Francs CFA pour ne laisser que 10 Francs dans la caisse. Par compte l'homme du Sud va prendre 10 Francs et laisser 90 Francs dans la caisse. Si vous aviez bien écouté l'éditorial du grand et célèbre chroniqueur de RFI Jean Batiste Placca, j'espère que vous devez secouer à la minute la tête et demander à votre dirigeant d'aller tranquillement se reposer à Oyo et regarder à la télévision comment le peuple congolais va réagir à sa démission. Imaginez un instant, de 79 à nos jours en 2025 aux États Unis vous avez vu passer huit présidents et en France six présidents mais Denis Sassou Nguesso est toujours là. C'est scandaleux.

Pour quelle raison, ces idiots du district de Kimba demandent à Denis Sassou Nguesso de faire acte de candidature en 2026.

C'est pour dépenser encore des centaines de millions de Francs CFA pour du beurre. Alors qu'avec ces fonds, il pourra construire des forages d'eaux, des barrages électriques et que sais-je encore.

Dites-moi, en quatre décennies qu'est-ce que votre dirigeant a fait de bon pour vous. Si ce n'est pas bâtir Oyo a l'image je ne sais de quelle ville africaine.

Alors que c'est et pourtant plus simple de dire à votre dirigeant dictateur DSN de créer le **Royaume du Congo du Nord et de s'autoproclamer roi.**

Et la dynastie sera un problème acquit.

Après les directeurs généraux et centraux peuvent détourner à volonté les revenues du Port Fluvial de Brazzaville et les recettes du bois de la Cuvette Ouest.

Bon nombre parmi vous ont été des pêcheurs et ou des chasseurs au temps jadis mais vous vous êtes formé dans le tas pour devenir des fonctionnaires bons à rien donc vous pouvez quand même lire et bien interpréter les articles de la constitution.

Pour votre gouverne, voici cette énigme car bon nombre de congolais ne savent peut-être rien et ne comprennent pas vraiment ce qui s'est passé concernant l'assassinat du Président Marien Ngouabi. Même certains officiers s'embrouillent et d'autres cachent la vérité.

Vie politique du Congo (Brazzaville)

Sous ce titre se trouve l'histoire vaseuse du Congo populaire des derniers jours du Président Marien Ngouabi (président du Congo de 1968 à 1977).

Il ne s'agit pas d'un roman. Ce travail est le résultat direct des enquêtes menées dans le cadre de la Conférence Nationale Souveraine (1991), par la Commission « Assassinat ». Le dossier était et est toujours sensible. L'enquêteur - auteur est mort   depuis…

La recherche de la paix avait fait que seuls les travaux de cette commission n'étaient pas passés en plénière. La lecture de ce document vous en donne la raison. Mais, pour la mémoire de ceux qui ont perdu leur vie, on peut aujourd'hui prendre connaissance de ces faits, tout en restant prudent si vous êtes au Congo. Bonne et dramatique lecture.

N.B. Cette introduction n'est pas de l'auteur.

Par contre le titre est de lui, ainsi que la pagination.

Nous avons souligné en gras les noms des protagonistes pour qu'ils soient visibles. A l'époque des faits, dans son milieu, Sassou Nguesso était plus connu sous le seul nom « Sassou ».

Au sortir de son audience avec Ngouabi , Massamba-Débat , l'illuminé est très satisfait. L'entretien a été très serein. Il a averti son hôte du danger qui le guettait et a accompli ainsi son devoir devant Dieu. De plus, il peut désormais mesurer le désastre et l'étendue des problèmes dans le pays et sait que le régime Ngouabi est devant un cul de sac. Le moment venu, il fera appel à lui, ne serait-ce qu'en tant que Premier-Ministre. Dieu qui sait faire les grandes œuvres l'arrangera. Et d'ailleurs, n'avait-il pas commencé comme Premier ministre ? Il s'en réjouit et informe son groupe à qui il demande de persévérer dans la prière.

De son côté, Ngouabi est aussi satisfait. Au moins il a pu sortir des tracas quotidiens et se confier à un homme plus âgé, à un homme ayant l'expérience des affaires, qui a su surmonter les tractations du pouvoir et a eu le courage de partir quand il a compris qu'il aurait été inutile d'insister.

Ngouabi qui s'était mépris instinctivement des intentions de Massamba-Débat à la première lecture de sa lettre comprend alors qu'il s'agit d'un grand homme qui ne veut que son bien et celui de la nation.

Ne l'a-t-il pas informé de ce qui se tramait dans son entourage, chose qu'il suspectait lui-même depuis longtemps ? [1]

Comment a-t-il pu douter de la bonne fois de cet homme ?

Trois jours seulement après cet entretien, Ngouabi reçoit tard dans la nuit un coup de fil du Président Omar Bongo du Gabon (sans doute mis au courant par le S.A.C [2] de Débizet et les réseaux Foccart et Pasqua) qui lui demande de faire très attention. Mais Bongo reste volontiers évasif, sur les dangers contre lesquels il veut prévenir son interlocuteur car il sait que le téléphone n'est pas à l'abri des indiscrétions. Il insiste cependant sur sa mise en garde et conseille la vigilance [3] à son correspondant.

Cette demi-confidence du Président gabonais ébranle de plus belle Ngouabi, qui vit depuis un certain temps des choses étranges dans son palais : son gros chien de garde vient de mourir dans des conditions louches, un gros serpent et un petit animal ont été aperçus dans la cour mais, n'ont pu être retrouvés malgré des recherches minutieuses. Enfin, la foudre s'abat presque régulièrement sur le palais [4] .

Tout cela entame suffisamment son moral. Ngouabi, franc-maçon et « fétichiste » comme la majorité des chefs d'états africains, qui était même arrivé, poussé par le zèle à affirmer qu'il rêvait les coups d'états, [5] y trouve là les signes précurseurs de sa fin prochaine.

Le grand problème pour lui est de savoir d'où et de qui exactement vient le danger pour qu'il puisse agir. Impossible, car son frère « Sassou », Monsieur le ministre de la défense et de la sécurité ne lui adresse plus de fiches d'informations. Perplexe et convaincu qu'il est victime d'une grande machination dans son entourage, Marien requiert les services du sous-lieutenant Mboro qui semble lui être resté très fidèle et lui demande de surveiller discrètement ses proches parents et collaborateurs.

L'après-midi du 9 Mars 1997, Marien Ngouabi fait un cauchemar au cours de sa sieste : un commando attente à sa vie et l'échauffourée s'achève par 5 morts. Affolé, il appelle son chef d'état-major général et lui ordonne le renforcement de sécurité du Quartier Général édicté depuis le début de l'année à la suite de l'attaque du personnel du réalignement du CFCO par le FLEC. Le même jour, tard dans la soirée, il appelle le président Massamba-Débat et lui expose tous ses problèmes notamment ceux d'ordre spirituels. Après l'avoir écouté tranquillement, Débat lui recommande de se confier à Dieu et promet de l'aider efficacement dans la prière.

« … Ne vous en faîtes pas Monsieur le Président le bon Dieu vous sortira de ce guêpier. Rappelez-moi dans une semaine nous saurons ce que nous devons faire conclue-t-il ». Malheureusement ni Massamba-Débat, ni Ngouabi qui tentent de se rapprocher ne se doutent qu'ils sont placés sur écoute téléphonique et que leur conversation loin d'être secrète a été enregistrée. Pas plus d'ailleurs qu'ils ne savent que Ibarra Denis , l'homme que Sassou (ne pouvant cumuler les fonctions) fait nommer à la tête des services spéciaux, et qui a assisté à leur entretien du 3 Mars dernier, en a fait un compte rendu détaillé à son patron immédiat (Sassou) et à Yhombi qui fait office de chef de clan kouyou.

Le 11 mars à 19 heures, Yhombi qui est informé de la conversation téléphonique de Ngouabi et de Débat, convoque d'urgence un « conseil de famille » à son domicile. Y participent tous les grands du nord du pays en dehors des hommes des plateaux dont la position géographique prête souvent à équivoque. Ces derniers issus du royaume Téké et ayant souvent donné des indices de modération, occupent le centre du pays et ont toujours entretenus des rapports pacifiques avec les « Bakongos » du Sud du pays. [6] : N'assistent donc à la réunion que : Assemekang, Mouassiposso, Anga, Sassou Nguesso, Okoko jacques, Ibara Denis, Ebaka Jean-michel et Engobo Bonaventure …. Pas questions bien entendu d'associer ceux qui sont très proches de Ngouabi : Issambo, Eyabo, Ongouya, Ewolo … etc, de peur qu'il n'y est une fuite.

« …Marien nous a trahi, entame Yhombi. Il s'est rapproché de Débat et est capable de le ramener au pouvoir. Enfin, je préfère laisser parler Ibara Denis qui suit toute la situation… ».

Ce dernier prend la parole, commente l'audience que Ngouabi a accordée à Massamba-Débat en insistant sur l'appréciation qu'il a faite de ses collaborateurs, et termine par une diffusion de la conversation téléphonique.

- Nous pouvons tout perdre, sauf le pouvoir, sursaute Jean Michel Ebaka à la fin du récit.

- Il faut l'enlever, le faire partir et le tuer, renchérit Anga Pierre.

- Pas question, tranche Sassou, je ne marcherai avec vous que si vous garantissez la vie sauve à Marien. N'oublions pas qu'il a beaucoup fait pour nous tous.

- Oui, qu'il ait beaucoup fait pour nous, je n'en disconviens pas. Mais n'empêche que pour moi, mieux vaut perdre un Kouyou que de perdre le pouvoir. Et, c'est clair précise Jacques Okoko.

- Qu'allons-nous faire demande alors Yhombi ?

- V a c'est l'affaire des militaires. Réglez-nous ce problème. L'essentiel comme l'a dit le jeune Sassou, c'est que Ngouabi reste en vie sinon comment l'expliquerons-nous au village. Les gens seront divisés et ça ne nous aidera. J'insiste là-dessus, conclut le vieux Assemekang.

Nos complices se séparent.

De cette réunion, Ngouabi est aussitôt informé par Mboro qui suit effectivement le groupe. Maintenant qu'il connaît les têtes d'affiche du complot que l'on prépare contre lui, il faut qu'il gagne du temps en louvoyant afin de pouvoir refaire son système de sécurité sans attirer l'attention des autres. Il faut donc les rassurer qu'il ne cédera pas le pouvoir à Massamba-Débat.

Le 13 mars, il décide donc de jouer le jeu, et au cours du meeting organisé à l'occasion du treizième anniversaire de l'URFC, il prononce un de ces discours musclés dont il avait seul le secret, dénonce les menaces d'assassinat qui pèsent sur sa personne et incrimine « l'impérialisme français et ses valets locaux » d'en être les promoteurs.

Il informe publiquement le peuple du fond de la lettre de Massamba-Débat, rejette l'hypothèse de sa démission et affirme qu'il ne sera pas question de céder le pouvoir. « … Lorsque ton pays est sale et manque de paix durable, tu ne peux lui rendre sa propreté, et son unité qu'en le lavant avec ton sang … (et plus loin), le pouvoir ne se donne pas, le pouvoir s'arrache … », conclue-t-il les yeux grandement écarquillés.

Au cours de ce meeting, il y a un fait amusant. Ngouabi qui arrive et salue les officiels, lance à Sassou : « Alors Denis, on se retrouve maintenant chez Yhombi ! ».

Nous voulons mettre en place une association, mon Commandant répond ce dernier pris à contre-pied.

Alors, informez tout le monde, au lieu de le faire en cachette commente Ngouabi avant de s'installer sur son fauteuil. Mboro qui assure la « couverture » de la manifestation dans le périmètre rapproché du Président, croise le regard de Sassou, sourit et se « grille » par cette maladresse. Il n'échappera pas à la purge.

Le meeting passé, Ngouabi appelle Massamba-Débat dans la soirée, lui explique qu'il est obligé de jouer le double jeu et le rassure du maintien du rendez-vous pris en semaine. A la suite de quoi, notre groupe qui suit attentivement faits et gestes de Ngouabi se réunit encore le 14 mars et décide d'agir.

Un plan est élaboré après maints débats, les uns proposant une action dans le palais, les autres penchants pour son arrestation en dehors de sa résidence.

Il faut le prendre dans sa résidence, devant sa femme et ses enfants. Je connais le terrain et je puis proposer un plan suggère Anga, de plus nous l'avons eu mystiquement ; ce sera facile ajoute-t-il.

- Non, il y aura trop de risques. N'oublions pas qu'il nous le faut vivant précise Sassou.

- Dans ce cas propose Yhombi, je vais l'inviter à inaugurer le tronçon Obouya Owando qui est presque achevé. Il suffira seulement de bien choisir l'équipe qui l'accompagnera. Nous l'arrêterons sans problèmes, et l'assignerons à résidence à Owando, pendant que nous occuperons Brazzaville.

- Avez-vous pensé à la réaction de la population interroge Sassou. Comment serons-nous considérés par nos parents ? Comme des traîtres évidemment. Je crois savoir que Marien a encore sa côte au village. Non, il vaut mieux que ça soit ici et nous l'expliquerons après aux parents. Il suffira alors de dire que Ngouabi s'apprêtait à trahir la révolution, à remettre le pouvoir à Massamba-Débat et que le haut commandement avait été obligé de l'arrêter. Et puis, je m'en doute qu'il puisse accepter la proposition d'aller sur Obouya maintenant qu'il se méfie de nous.

- Que faire alors Denis, demande Ebaka ?

- Je ne sais pas encore répond Sassou. Je n'ai pas de plan précis. Ce que je sais, c'est qu'il faut agir vite, en tout cas dans la semaine. Il faut éviter que Marien ne se ressaisisse et ne bouleverse son système de sécurité. La première des choses à faire serait à mon avis de déstabiliser la garde, d'éviter une concentration des troupes autour de Marien, de créer une sorte d'activité de divertissement.

- On pourrait proposer l'organisation d'un festival sportif à l'occasion de l'anniversaire de son accident d'avion [7] , avance Engobo Bonaventure. Cela fait exactement un an que le truc a eu lieu et le chef ne se doutera de rien. Bien au contraire il s'en réjouira.

- Tâchez de le convaincre reprend Sassou, surtout soyez prudent car il ne faut pas qu'il se doute de quelque chose. Par ailleurs, il nous faut discuter avec l'étranger, pour bénéficier de son soutien en cas de besoin. Il nous faut par exemple débloquer la situation avec les pétroliers afin de payer les salaires dès notre prise de pouvoir si l'on veut être accepté par le peuple.

Le grand frère Ebaka ira dans la semaine en France pour cela. Ngouelondelé y a pris déjà des contacts sûrs. Ibara Denis ira dès demain en Côte d'Ivoire, et informera le Président Houphouet Boigny. Inutile cependant de saisir les chefs d'Etats d'Afrique centrale ; ils sont tellement liés et risquent de le prévenir. Le président Bongo a déjà tenté de le faire. Je me chargerai d'informer nos amis de l'Est en passant par les Cubains avec qui j'ai déjà des contacts. Nous agirons à la première occasion. Gardons donc le contact.

- Dois-je annuler l'inauguration d'Obouya ? demande Yhombi qui n'a plus de contact avec l'armée et accepte donc de se fier à l'action de Sassou qu'il sous-estime. Après tout c'est un cadet, de surcroît moins gradé, il ne peut travailler que pour moi et d'ailleurs qui voudra d'un coureur de jupons à la tête du pays ?

- Surtout pas, reprend Sassou qui entend être au centre de l'organisation et s'imposer après. Marien risquera de se douter de quelque chose et nous aurons des difficultés à agir. N'oubliez pas qu'il m'a déjà interpellé à propos de notre dernière réunion. J'ai été obligé de répondre que nous entendons former une association. Sans doute il nous fait suivre, et.. Je suis même sûr que c'est le lieutenant Mboro qui s'en charge. Enfin… on verra.

La réunion terminée, le groupe s'affaire, Engobo Bonaventure, le chef de la sécurité rapprochée et Mouassiposso le chef du protocole, finissent par convaincre Ngouabi de l'organisation d'un festival sportif, et en confient la responsabilité à Ewolo Oscar le chef de la garde présidentielle. Il s'ouvrira le 16 mars 1977 sous la présidence de Mouassiposso.

Entre temps, Ibara et Ebaka ont voyagé [8] , Yhombi s'en est allé à Owando pour l'inauguration de son tronçon, et les conjurés guettent l'occasion propice.

Dans la soirée du 16 mars, Ngouabi qui ne cesse d'être inquiet sur sa situation et ne dort presque plus, reprend contact avec Débat comme convenu. Ce dernier lui rend compte de la réponse apportée par le Seigneur sur son cas en ces termes :

« … Monsieur le Président, le danger qui vous menace est toujours là, présent et se rapproche même. Mais gardez votre foi en Dieu ; il nous aidera. Ce qu'il nous reste à faire, c'est de vous joindre à nous dans la prière. Il vous faut intégrer le cercle afin de vous placer sous la protection de Dieu. Et cela le plus rapidement possible. C'est en tout cas la réponse que nous avons reçu après nos prières…

- Mais doyen, vous savez bien que c'est impossible. Officiellement, je suis marxiste et je ne prie pas. Que diront les autres ? Ce sera l'occasion ou jamais pour eux de me débouter du parti et me déposer. Non, vraiment, je crois que c'est impossible.

- Peut-être, mais c'est la seule solution. Nous aurons beau prier pour vous et c'est d'ailleurs ce que nous n'avons cessé de faire depuis que vous nous l'avez demandé. Mais votre participation personnelle est indispensable. Et puis, il y a une cérémonie d'imposition des mains, une sorte d'exorcisme que nous devons faire sur vous. C'est la voie indiquée par le Seigneur. Comment pourrions-nous le faire si vous n'êtes pas là ? N'oubliez pas que le Seigneur a dit :

« Là où deux ou trois sont réunis en mon nom, je suis au milieu d'eux … et aide toi, le ciel t'aidera

- Oui, je comprends doyen ; je suis en train de voir comment le faire sans attirer l'attention des autres et surtout de la direction du parti. Et, ça se passerait où, quand et à quelle heure ? Peut-être qu'on pourrait alors voir…

- Quand ? En tout cas comme je l'ai dit tout à l'heure, le plus rapidement possible. Disons dès demain ou après-demain. Où ? Chez moi. Ce serait plus prudent et plus sécurisant. A quelle heure ? Dans la journée. Ce serait anonyme et les gens éviteront de vous prêter des intentions. La seule chose sur laquelle j'insisterai c'est le temps. Il faut que l'on commence vite.

- Hum ! Bon. Après tout, je n'ai pas le choix. Disons …, vendredi, c'est-à-dire après-demain dans l'après-midi à 15 heures. Est-ce que ça vous va ? … L'ennui, maintenant que j'y pense, c'est que je serai obligé de venir seul. Avec tout ce qui se passe autour de moi, je n'ai plus confiance en personne et d'ici que toute la ville en parle… ; ce ne serait pas étonnant.

- Ah non ! Il n'est pas question que vous venez seul. Ce serait trop risqué. En tout cas, je ne veux pas partager ce risque avec vous. Il faut être très prudent maintenant. N'oubliez pas que tout en étant fils de Dieu, l'on avait été obligé de protéger Jésus pour éviter qu'on lui tranche la tête par …

Je vous enverrai des frères, les mêmes que ceux qui constituent le groupe pour assurer votre couverture. Ils seront conduits par Kikadidi que vous connaissez très bien et pourront se déguiser en militaires pour qu'ils ne soient pas reconnaissables…

- Ah ! Akim ! Oui c'est un collègue, même s'il m'en veut un peu de l'avoir sorti de l'armée. Nous en reparlerons d'ailleurs. Qu'ils soient là entre 14 heures et 14 heures 30 minutes. Je donnerai des instructions pour qu'on les laisse passer.

- Ok, monsieur le Président. Entendu comme ça. Bonne nuit et que la paix du Seigneur soit avec vous. Surtout ne désespérez pas et remettez tout à Dieu.

- Merci beaucoup doyen. Bonne nuit à vous également… »

Aussitôt la machine de Sassou qui bénéficie de l'écoute téléphonique se met en branle.

Il ne faut point autoriser cette rencontre avec Débat et arrêter ce traître de Ngouabi. Mais comment procéder ? Quel type de piège lui tendre ?

Pour répondre à cette embarrassante question, Sassou consulte l'agenda de Ngouabi. Aucune sortie n'est programmée le 17. Par contre, le 18, Ngouabi doit dispenser un cours à l'université [9] , mais il n'est pas possible d'y opérer. Merde ! Que faire alors ? A force de creuser. Youpi ! C'est trouvé, le calendrier des opérations militaires annonce pour le 18 un exercice au champ de tir sous la direction du capitaine Motando, ce jeune officier de la Likouala, sorti nouvellement de l'académie militaire soviétique, que Marien se propose de nommer Chef d'état-major particulier à la présidence. Il serait en quelque sorte un conseiller militaire du chef de l'Etat et devrait réorganiser sa garde et sa sécurité.

Tenant compte de la sympathie que Ngouabi a pour ce jeune, il se précipitera dès qu'il sera question de lui. On lui dira qu'il a eu un incident au champ de tir et il s'y rendra. Mais comment l'arrêter au champ de tir ? L'endroit est désert et Ngouabi apercevra de loin le comité d'accueil qui sera mis en place pour la circonstance. Il pourra alors rebrousser chemin.

Et si on l'invite dans un domicile ? Oui, mais ce domicile devra être vide si l'on doit éviter les témoins gênants et s'il est vide, Ngouabi risquera aussi de s'en méfier. Quelle impasse ?

Puis soudain, tiens, tiens, tiens. Utiliser le même argument et l'inviter dans un hôtel le « Mistral » où Lekoundzou directeur de la SICAP [10] à Pointe-noire en mission à Brazzaville est descendu. L'hôtel sera fermé toute la matinée pour des raisons d'Etat afin qu'il n'y est presque pas de monde et utiliserons la chambre numéro 8 de Lekoundzou pour lui tendre un guet-apens.

Dans un hôtel et en plein jour, Marien ne se doutera de rien et tombera dans le panneau. Mais il faut veiller à ce qu'il vienne seul. Il faut donc l'isoler. Ainsi, Engobo Bonaventure s'envole-t-il le 17 mars pour Owando, où il doit récupérer l'épave de l'hélicoptère dans lequel Marien Ngouabi avait failli trouver la mort.

Parti en réalité pour informer Yhombi de l'évolution de la situation et des dernières dispositions arrêtées pour le putsch, Engobo qui rentre de cette prétendue mission [11] , le lendemain 18 mars aux environs de 11 heures, ne fera jamais signe de vie avant 15 heures, c'est-a-dire avant que le crime ne soit consommé. Il sera d'ailleurs promu officier d'ordonnance de Yhombi après le coup d'état. Okemba Maurice, l'officier d'ordonnance de Ngouabi a, lui, sollicité une permission d'absence auprès du président pour aller jouer au ballon militaire et retirer ensuite les examens de son fils au laboratoire national [12] .

Après ses courses, Okemba qui sera nommé quelque temps après Directeur de la radio puis, Attaché militaire à Moscou, aurait téléphoné à son service pour savoir si le président avait besoin de lui. Et, comme ce n'était pas le cas, il serait allé se reposer chez lui. Le lieutenant Tsangabeka qui avait été désigné pour remplacer Okemba prétendra à son tour être allé prendre son repas au moment où Ngouabi aurait trouvé la mort.

Mouassiposso, le chef de protocole aurait achevé sa demi-journée et laissé le président à table [13] . Enfin, Itoua Ndinga, un autre membre de la sécurité rapprochée de Ngouabi se serait retrouvé en manœuvre militaire sur la route du Nord dans le cadre d'une formation militaire.

En somme, un véritable vide créé intentionnellement autour de Ngouabi qui ne s'en inquiète pas outre mesure puisqu'il lui facilite son rendez-vous avec « Akim ».

Ce qui arrange aussi ses protagonistes, décidés à le prendre dans leurs filets.

Vendredi 18 mars 1977 à 9 heures, le président Ngouabi est allé donner son cours à la faculté des Sciences de Brazzaville. Il est accompagné de Pereira (un beau-frère) qui fait office de chauffeur, et de Tsangabeka, comme aide de camp. Son cours fini, il rejoint directement son bureau. Il est 11 heures passé de quelques minutes ; il signe son courrier et entreprend d'accorder des audiences.

De 11 heures 30 minutes à 12 heures 30 minutes, il reçoit d'abord le commandant Mbia, chef d'état-major de l'armée de terre qu'il a fait prévenir dans la journée [14] et qui doit lui rendre compte de l'état d'avancement du document sur la réorganisation de l'armée qu'il lui a demandé de concevoir. Pendant qu'ils discutent, est annoncé le président de l'Assemblée nationale, Alphonse Mouissou-Poaty ; Mbia se retire par courtoisie et Ngouabi accorde une trentaine de minutes à son nouveau visiteur avec qui il traite de l'atmosphère politique qui prévaut dans le pays.

Peu avant 13 heures, Ngouabi reçoit le cardinal Emile Biayenda que Mouassiposso a introduit avant de s'éclipser furtivement. L'archevêque de Brazzaville est venu solliciter la restitution au clergé d'une concession appartenant au couvent Jahavouey et expropriée par l'Etat congolais après la nationalisation de l'enseignement en 1964. Cependant, l'entretien ne dure pas car dix minutes après, le président reçoit un coup de fil [15] , décroche le téléphone et suit son interlocuteur ; son visage s'assombrit et il coupe la communication en disant : « bien j'arrive tout de suite… ».

Marien Ngouabi qui semble abattu par la nouvelle qu'on vient de lui communiquer rejoint le prélat resté assis au salon et s'excuse en ces termes : « Monseigneur, je m'excuse d'être obligé d'interrompre notre entretien. Je vous recontacterai mais vous pouvez être tranquille, votre problème sera réglé. Je suis obligé de partir d'urgence car un de mes collaborateurs a eu un incident au champ de tir où des éléments se sont canardés entre eux. Je dois donc aller m'enquérir sur le terrain… » Le cardinal se lève, remercie sincèrement son hôte et s'en va.

Marien Ngouabi par son secrétariat donne des instructions à propos de l'arrivée d'une 404 blanche. Les visiteurs doivent l'attendre, il demande à Ntsangabeka de décommander le rendez-vous pris avec le docteur Lomina et livre à Ontsou qu'il vient de recevoir un message du ministre de la défense selon lequel le capitaine Motando aurait eu des problèmes avec la troupe au champ de tir et se serait réfugié à l'hôtel Mistral. Conduit par Pereira et couvert par Okamba, un jeune élément de la garde présidentielle qu'il désigne au hasard pour l'accompagner, Marien, habillé en abacost de couleur rouge-bordeaux depuis le matin, très inquiet pour Motando, oublie de prendre les précautions d'usage et fonce à l'hôtel Mistral.

Après tout, le message ne vient-il pas de Sassou en qui il a encore un minimum de confiance, même si ce dernier avait eu entre temps le culot de draguer [16] sa femme. D'ailleurs, il ne croit pas que Sassou pousserait le bouchon jusqu'à le déposer. Il est beaucoup plus préoccupé par les femmes que par le pouvoir. Yhombi oui, mais pas Sassou ; il est encore trop jeune et le prouve par son comportement.

Le voici à l'hôtel Mistral qui semble désert. Dans la cour, quatre voitures anonymes dont celle de Mouassiposso. Ngouabi ouvre la portière et descend promptement pendant que le chauffeur se gare et attendra là le retour de son chef. Devant le perron apparaît Lekoundzou qui vient à la rencontre du président.

- Alors Justin, où sont-ils ?

- Ils sont dans ma chambre chef ! Au premier.

- Que s'est-il passé ?

- Je ne sais pas exactement chef !

Les deux hommes discutent, entrent dans l'hôtel et gravissent les marches suivis à cinq mètres du jeune Okamba qui par respect reste à l'écart et ne capte rien de la conversation. Lekoundzou ouvre la porte et invite le président à entrer. Ce dernier qui ne se doute de rien, trop préoccupé par la situation de son poulain Motando franchit ainsi le seuil. Lekoundzou referme la porte derrière lui. Le garde restera dans le couloir. A l'intérieur, Ngouabi se retrouve devant un groupe d'hommes dont il reconnaît Anga, son ennemi juré, Carlos le médecin cubain qui rôde toujours dans la résidence présidentielle et Mouassiposso. L'effet est total, le piège implacable. En une fraction de seconde, il comprend qu'il est tombé dans un traquenard, et demande à Lekoundzou qui se tient debout à la porte en montrant du doigt Anga : « Mais qu'est-ce que ce fou fait ici… ? »

Il esquisse un geste pour dégainer son pistolet, mais trop tard, ses assaillants lui tombent dessus pour le maîtriser, tandis qu'Anga saisi d'une fureur démoniaque sort son poignard et l'enfonce à la hauteur du cou de Ngouabi en hurlant :

« … Je t'avais prévenu. Je ne suis pas un fou et tu ne le répèteras plus jamais… ». Le sang gicle en Anga emporté comme un véritable fou continu à poignarder Ngouabi dans le dos en dépit de l'instruction formelle reçue de le prendre vivant. Les autres assaillants surpris par la rapidité de l'agression d'Anga n'ont pu intervenir. Ngouabi gît au sol dans une flaque de sang, blessé mortellement. Son agresseur s'étant retiré dans un coin pour ruminer encore sa colère et savourer à la fois sa vengeance.

Lekoundzou qui a assisté impuissant à la tragédie, mesure rapidement sa responsabilité, sort précipitamment de la chambre en claquant la porte derrière lui, descend à la réception de l'hôtel et donne un coup de fil à Sassou encore au ministère de la Défense, alors que c'est l'heure de la pause journalière [17] . Il est 13 heures 25 minutes et Sassou arrive en trombe au Mistral en compagnie de Ntsiba, qu'il met rapidement au courant de la tournure dramatique prise par les évènements.

Vite au premier. Dans le couloir, le jeune Okamba de la garde présidentielle innocent continue à faire les cents pas. Il ne s'est rendu compte de rien car il ne pouvait pas se planter juste devant la porte au risque d'écouter ce qui se dirait à l'intérieur. Dans l'esprit de ce jeune qui claque les talons au passage de Sassou et Ntsiba, le président discute avec ses collaborateurs et ne court donc aucun danger.

Ça y est ! Il se souvient que d'après la conversation téléphonique interceptée par ses services, le groupe Kikadidi serait au palais dans quelques instants. Il faut leur coller le meurtre sur le dos.

« … Justin, lance-t-il à Lekoundzou, demande au jeune de la garde présidentielle et au chauffeur d'aller chercher une nouvelle tenue chez Marien. Trouve une raison pour ne pas éveiller les soupçons. Il faut faire vite. Et vous, dit-il à Mouassiposso et au cubain du groupe, prenez le corps et emmenez-le à la douche, nettoyez-le correctement. Vous ferez la propreté dans la chambre après… »

Lekoundzou sort, interpelle le jeune Okamba toujours et lui dit que le chef vient de se tâcher avec du vin et demande une nouvelle tenue propre pour se changer. Revenu dans la chambre, Lekoundzou trouve Sassou en train d'expliquer son plan.

« … Un groupe d'hommes arrivera tout à l'heure à la présidence. Ils avaient rendez-vous avec Marien. Ce sont les prieurs de Massamba-Débat. Nous allons rejeter sur eux la responsabilité du meurtre. Anga et le docteur Carlos ramèneront le corps de Marien bien habillé. Il ne faut pas que ceux qui pourraient voir la voiture s'aperçoivent qu'il est mort. Donc vous devriez vous arranger pour bien le soutenir. Arrivé à l'Etat-major, vous abandonnez le corps vers le garage pendant que le groupe de prieurs sera installé dans la maison. Vous obligerez alors au jeune de la garde présidentielle d'entrer au secrétariat et d'attirer les prieurs vers le corps de Marien et vous les abattrez en provoquant une fusillade généralisée. Ce sera la preuve de leur présence au palais. Nous verrons après ce qu'il faudra faire. »

« … Florent, dit-il à Ntsiba, il faut que tu sensibilises tes petits qui sont en poste au secrétariat de ne pas intervenir au moment de la fusillade et lorsque les gens leur poseront la question de savoir ce qui s'est passé, ils n'auront qu'à dire que c'est le capitaine Motando qui a tiré sur le président. Autre chose ? Arrangez-vous pour que la blessure de Marien ressemble à l'action d'une balle… »

Après avoir donné ces instructions, Sassou sort et rentre droit chez lui, complètement abattu par ce qui vient d'arriver, espérant que cette sortie improvisée ne connaîtra pas de faille. Anga qui a suivi les ordres de Sassou, le rejoint au moment où il s'apprête de sortir :

« … Je regrette mon commandant, je ne sais pas ce qui m'est arrivé. Merci pour ce que vous faites pour me sauver… »

-ça va répond négligemment Sassou. Faites surtout attention maintenant… Justin, appelle-moi à la maison après la fusillade, lance-t-il avant de sortir.

Lorsque le jeune Okamba ramène l'abacost beige que madame Ngouabi vient de lui remettre, il est cette fois introduit dans la chambre et se voit assigner le rôle défini par Sassou. Il comprend ce qui vient de se passer et ne peut bien sûr pas refuser, car il sait qu'il est maintenant un témoin de la mort de Marien et que les coupables n'hésiteraient pas à tuer.

14 heures 15 minutes, le groupe Kikadidi déguisé en militaires comme convenu entre Débat et Ngouabi arrive à l'Etat-major. Les consignes étant données, il n'a aucun problème pour traverser les barrages, gare devant le perron de la résidence présidentielle.

Au moment de descendre, Kikadidi propose à ses compagnons de prendre leurs armes. Tadet s'y oppose… : « je comprends que tu aies encore les réflexes militaires, mais nous n'en aurons besoin éventuellement que lorsque nous escorterons le président… » Ils entrent dans le secrétariat ; Kikadidi garde quand même son pistolet à la hanche.

Au nombre de cinq [18] , ils seront reçus par Ontsou et Péa, programmés spécialement pour assurer la permanence ce jour ; le premier ayant été enrôlé dans le complot sur la base tribale par Florent Ntsiba. Il est Batéké comme lui et vient de recevoir les dernières instructions de Ntsiba. Ontsou installe Kikadidi qui porte les galons de capitaine dans la salle d'attente et les quatre autres au secrétariat. Nkomo et Ewolo se trouvent dans le bâtiment annexe vers la villa « Shanghai ».

Instinctivement, il demande poliment au capitaine qu'il ne connaît même pas de nom de faire déplacer la voiture et Kikadidi désigne Kandza à cet effet. Le président est sorti pour une urgence et a demandé que vous l'attendez leur a ton fait croire. Rien donc ne peut les inquiéter.

La journée est ensoleillée et calme. Les parents de Marien ont pris leur repas et se reposent. Les deux belles sœurs et la nièce discutent des futilités juvéniles au salon, le petit Marien est allé prendre sa douche à la piscine, tandis que ses frères cadets jouent dans les chambres.

« … Vous me ferez signe lorsque le président sera là pour que je descende, lance à ses sœurs madame Ngouabi qui monte péniblement se reposer à l'étage ». Elle est à terme d'une grossesse et très fatiguée.

Entre-temps, Kandza qui a des difficultés à déplacer la voiture voit arriver la 504 noire du président et suspend sa manœuvre pour la laisser passer. Il est 14 heures 25 minutes.

Cinq hommes sont à bord de la voiture : Pereira le chauffeur qui a Okamba à sa droite, Carlos et Anga qui encadrent et soutiennent le corps de Ngouabi à l'arrière. La voiture se dirige vers le garage et marque un arrêt à mi-chemin. Anga et Carlos armés de PMAK balancent rapidement le corps de Ngouabi dont la mâchoire a été entre temps brisée et ils abandonnent un pistolet à côté du macchabée avant de s'enfuir l'un vers la villa « Shanghai » et l'autre vers la piscine.

Pendant ce temps, Pereira qui prit au piège comme Okamba rentre la 504 dans le garage, abandonne les clefs de contact sur le tableau de bord et s'enfuit. Tout se passe, tellement vite que Kandza qui assiste à la scène, ne comprend rien. Il se demande s'il doit continuer sa manœuvre ou sortir de la voiture pour aller voir ce qui se passe.

Juste à ce moment il voit sortir à pas pressés Péa, Mienakou et Koudissa qui dévalent les marches du perron et se dirigent vers le corps de Marien abandonné par ses assassins. Okamba qui est rentré au secrétariat leur a dit que le président ne sentait pas bien, venait de s'écrouler.

A peine, nos amis sont-ils arrivés à la hauteur du corps qu'ils sont cueillis par une rafale tirée par le docteur Carlos qui s'est fait son excellent angle de tir entre le garage et la villa « Shanghai ». kianguila qui suit les trois hommes avec quelques mètres de retard a juste le temps de rebrousser chemin et de lancer à Kandza, « filons ». Cet ancien de la Défense Civile réagit aussitôt. Il sort de la 404, tire quelques rafales pour couvrir sa fuite et suit Kianguila à toutes jambes.

Tous les deux franchissent facilement le mur arrière de l'Etat-major et atteignent Bacongo en passant par les jardins de la corniche. Pendant ce temps, le docteur Carlos continue à tirer et abat un élément de la garde présidentielle qui sort de sa guérite et qui tente de s'élancer vers la résidence. Carlos cherche à créer l'atmosphère. Il faut donner l'impression d'une attaque générale du palais présidentiel.

Anga n'a pas attendu ; il se rend immédiatement au groupement aéroporté où il est malgré l'interdiction de pénétrer dans les casernes dont il fait l'objet, le premier à informer le camp, de la mort de Ngouabi une dizaine de minutes seulement après la fusillade. [19]

De son côté, Kikadidi coincé dans la salle d'attente, comprend vite que son groupe est tombé dans un traquenard. Il casse alors le carreau d'une fenêtre et s'enfuit lui aussi. Il rejoindra le domicile d'un parent (Mayouma) et s'y cachera pendant onze mois. En ce qui le concerne, les intentions de ceux qui l'avaient installé dans d'attente étaient claires : il devait constituer la pièce maîtresse à conviction trouvée dans la résidence du chef de l'Etat.

C'est ce qui explique que Ontsou qui reste dans le secrétariat pendant la fusillade et n'apparaît au perron qu'au dernier moment, préfère tirer en l'air plutôt que d'attaquer Kikadidi et ce, jusqu'à l'arrivée des premiers éléments de la garde conduits par le lieutenant Sibali à qui Ontsou dit que le commando se trouvait dans la maison.

On lui imposera bien entendu le supplice d'accréditer le mensonge officiel à la faveur de quelques « pesetas ».

N.B. Yhombi devint président de la république 1977-79. Sassou Nguesso lui souffla la place le 5 février 1979. En 1987 Anga rentre en rébellion et meurt au maquis. Ntsiba tente de revendiquer sa part du pouvoir et s'agite pour rafler la place à Sassou Nguesso, mais n'y parvient pas. Il est devenu l'ami intime de Sassou Nguesso, au gouvernement jusqu'à ce jour. Lekoundzou aussi, indétrônable dans le cœur de Sassou Nguesso..

Le groupe des prieurs avait été immédiatement décimé. Ainsi que tous ceux que le hasard a fait croiser avec la 504 noire du président, ce jour-là.

Le cardinal Biayenda sera tué par des jeunes de la tribu, qui, montés par le mensonge officiel, se crurent en devoir de venger le leur, puisque le cardinal avait rencontré le président et l'avait affaibli de ces pouvoirs magiques qui le rendaient invulnérables.

La veuve Ngouabi bénéficia d'une pension confortable budgétisée, ainsi que les enfants Ngouabi.

Comment le président avait-il pu se rendre à cet hôtel pour un cas qui était dans les limites de l'armée et donc devait se passer dans un camp militaire ? Pose un problème de compréhension… On peut tout autant dire que Ngouabi s'était fait avoir par son tribalisme (tous les éléments de la garde présidentielle étaient presque de sa tribu et tribu voisine).

Assemekang (feu) est resté à vie président de la cour suprême ; J. Okoko procureur de la république jusqu'au procès des supposés assassins de Marien devint avocat et très riche. Aujourd'hui en France. Les militaires du complot montèrent vite en grade. L'technisation politique s'est renforcée.

ATTENTION, Les ASSASSINS sont encore et sont toujours prêts à tuer pour ce fait.

[1] En 1976, un climat morose s'installe progressivement au sein de la garde et les milieux rapprochés du Président Ngouabi. Non seulement la restructuration de la garde qu'il a initié à la suite de son incident avec Anga n'est pas efficace en ce qu'elle multiplie les pôles de décisions, mais encore dans ce pays où le clientélisme s'est installé, la course aux avantages matériels constitue la préoccupation de chacun. Aussi, lorsque Ngouabi est emmené coincé par les problèmes financiers à imposer une certaine austérité, et à réduire les dépenses de la présidence la quasi-totalité des éléments de la garde présidentielle qui ne justifiait leur présence dans ce corps à « hauts risques » que par la redistribution de ces miettes substantielles, perd toute combativité et entrain ; des demandes de mutation affluent. Des fois, Ngouabi, de retour de randonnée tard dans la nuit, trouve les sentinelles complètement endormies et sait que sa ceinture de protection n'est plus fiable.

Ewolo, le nouveau chef de corps qui n'a plus de caisse noire comme son prédécesseur perd le contrôle de la troupe et s'en plaint régulièrement. « … Du temps d'Anga, les choses ne se passaient pas comme ça, chef… », S'entend-il souvent répéter par ses subalternes. Ngouabi informé, propose une « politisation » du corps qui ne verra jamais le jour.

[2] Service d'Action Civique

[3] Confirmé par Tsangabeka son aide de camp à qui Ngouabi en a parlé.

[4] Faits confirmés par l'entourage immédiat de Ngouabi

[5] Dans de nombreux discours publics

[6] « … Monsieur le président, s'était écrié le procureur Jacques Okoko, parlant d'un témoin au procès de janvier 1978 : Même les Batékés cherchent à avoir le pouvoir dans ce pays ?… Phrase tout à fait symptomatique du complexe de supériorité entretenu par le sentiment tribal des hommes du « Nord ».

[7] Un an auparavant, Ngouabi échappe presque miraculeusement à un accident d'avion à Owando où il passe ses vacances.

[8] Deux missions qui n'ont jamais eu de traces dans les archives de l'Etat.

[9] Ngouabi, qui s'est remis dès son arrivée au pouvoir sur le banc de l'école, par complexe, a réussi à traficoter un D.E.A. de physique, et s'est fait autoriser à encadrer les travaux dirigés à l'université de Brazzaville.

[10] Entreprise d'Etat

[11] Selon Okemba, cette mission était pourtant décommandée officiellement, l'épave de l'hélicoptère ne pouvant entrer dans les appareils disponibles à la base aérienne de l'armée congolaise.

[12] Comme si, à un moment où la sécurité du président était effectivement menacée, ces deux courses étaient primordiales.

[13] Il est très important de faire remarquer que les déclarations de Mouassiposso et Tsangabeka ont été contradictoires :

« … Le 18 mars, déclare Mouassiposso, j'ai discuté avec le président d'un problème de presse. Nous sommes sortis de son bureau, je l'ai accompagné jusqu'à sa résidence. Le président est allé à table. Maître Okemba lui a amené à manger. Je lui ai dit « Monsieur le président, bon appétit, et à bientôt, et je suis parti.(…) Il était 13 heures passées ».

« A 14 heures 10 minutes déclare par contre Tsangabeka, le Président a reçu un docteur qu'il avait fait venir. Il l'a fait repartir avec la décision qu'à 15 heures, je partirai moi-même le chercher…Nous avons quitté la villa « Changaï », il était 14 heures 10 minutes, le Président n'avait pas encore mangé.

- Avez-vous vu le Président manger ?

- Non, je l'ai vu aller s'asseoir à table, mais il n'avait pas encore commencé à manger quand je suis parti.

- Avec qui était-il assis à table ?

- Quand le Président est allé à table, je l'ai vu aller s'asseoir seul

- Entre vous et Mouassiposso, qui a quitté la résidence le premier ?

- C'est Mouassiposso

- L'avez-vous vu partir ?

- Non, j'avais fait un tour. Et quand je suis revenu, je n'ai plus revu la voiture de Mouassiposso(cf. primitif des auditions en commission)

Il est évident que ces deux hommes tentent de corroborer le mensonge officiel et que ni l'un ni l'autre n'a vu le Président s'installer à table. Combien de temps le Président serait-il resté à table s'il avait trouvé la mort à 14 heures 30 minutes ?

[14] Par le capitaine Tsétou

[15] De la part de son ministre de la défense

[16] Confidence faite par le chef de l'Etat à Ewolo Oscar

[17] Les horaires de travail dans les administrations étant à cette époque de 7 heures 30 minutes à 12 heures et de 14 heures 30 minutes à 17 heures.

[18] Kikadidi, Kandza, Kianguila, Mienakou et Koudissa Tadet.

[19] Confirmé par le général Ngollo.

LE TESTAMENT DE PIERRE ANGA

J'interviens sur ce cas précis qui me concerne. Le problème essentiel n'est pas dans le fait qu'il s'agit de moi particulièrement, mais dans ce que nous pouvons tirer de positif et c'est même une question profonde pour le Parti Congolais du Travail. Pour mieux cerner la réalité, voire la vérité dans ce qu'elle a de révolutionnaire, je prendrai pour base le document de la Commission de Contrôle et de Vérification du Parti. De la lecture de ce document je retiens les aspects suivants :

<DD>1)- il se pose au niveau du Commandement Supérieur de l'Armée un problème d'organisation scientifique du travail;

<DD>2) - le manque d'expérience dans la maîtrise des structures apparemment plagiées. Il ne s'agit pas de structures plagiées. La structure politique est scientifique, mais c'est plutôt un certain esprit volontariste qui veut donner à cette structure un autre contenu qui n'a rien à voir avec la ligne du Parti et j'en ferai la démonstration tout à l'heure. Car, on ne peut pas en même temps parler des structures d'une armée de type nouveau (encore faudra-t-il soi-même comprendre le fonctionnement de telles structures) et en même temps nier la structure politique correspondant à une telle armée, structure du Parti qui ne laisse prévoir aucune confusion à moins qu'on veuille soi-même la créer.

<DD>3)- La Commission de Contrôle parle ensuite d'amour-propre des uns et des autres, de leur sensibilité et enfin de culte qu'ils s'en font.

<P></P>

<DD>Camarade Président,

<P></P>

<DD>Hier j'étais traité de zélé, de tribaliste. Aujourd'hui il semble être fait état d'amour-propre, de sensibilité et d'un certain culte. Dans tout cela il n'y a aucune relation de cause à effet. L'aspect fondamental étant celui de l'organisation scientifique du travail, tous les autres attributs ne présentant aucun intérêt pour la discussion, il y a lieu de comprendre quand est-ce que tout a commencé. Car, je ne vois pas en dehors de cette Direction politique une autre instance dans le pays qui, se basant sur des données scientifiques, puisse sortir une meilleure analyse marxiste de la situation.

<DD>Le tout a commencé avec l'explication de l'Acte Fondamental. Bien que mes explications sur l'Acte Fondamental soient écrites, ce travail n'a jamais intéressé mes Chefs Supérieurs au niveau de l'Armée. Il ne fallait pas montrer aux militants la place des uns et des autres et faire ressortir nettement le rôle du Chef en tant que Chef du

Parti, Chef de l'Etat, Président de la République, Président du Conseil des Ministres, Commandant en Chef de l'Armée Populaire Nationale. Ensuite, il ne fallait pas que je commente dans les Corps les discours du Camarade Président, quand bien même tous ces commentaires sont consignés dans des documents et distribués dans tous les Corps de la Zone Autonome de Brazzaville. Là aussi des fois en pleine séance d'explications, sur ordre de mes Chefs militaires supérieurs, je me voyais intimer l'ordre de ne plus continuer à commenter les discours du Président. Il ne faut pas trouver des boucs-émissaires ailleurs, car la crise ne se situe pas en bas, mais elle se situe au sommet. Le problème de fond qui m'est reproché c'est celui de vouloir faire affirmer l'autorité du Chef, en tant que Chef du Parti et Commandant en Chef de l'Armée Populaire Nationale. Avec des éléments précis, scientifiques, j'ai fait une analyse vraiment marxiste de cette situation et cela même en partant du document de la Commission de Contrôle et je m'en mais avec la permission du Camarade Président livrer à l'ensemble du Comité Militaire du Parti le contenu de mon analyse qui s'intitule :

<P>

<CENTER>

<H4><I>"CE QUI NOUS DIVISE ET LES MOYENS DE CONJURER
UNE CRISE DANS UN

PROCESSUS REVOLUTIONNAIRE"</I></H4></CENTER>

<P></P>

<DD>Dans mon article <I>"DE L'AUTORITE"</I>, Engels définit la Révolution de la façon suivante :

<DD><I>"Une Révolution est certainement la chose la plus autoritaire qui soit; c'est l'acte par lequel une partie de la population impose sa volonté à l'autre au moyen de fusils, de baïonnettes et de canons, moyens autoritaires s'il en est; et le parti victorieux, s'il ne veut pas avoir combattu en vain, doit maintenir son pouvoir par la peur que ses armes inspirent aux réactionnaires. La Commune de Paris aurait-elle duré un seul jour, si elle ne s'était pas servie de cette autorité du peuple armé face aux bourgeois ? Ne peut-on, au contraire, lui reprocher de ne pas s'en être servie assez largement ? Donc, de deux choses l'une : ou les autorités ne savent pas ce qu'ils disent, et, dans ce cas, ils

ne sèment que la confusion; ou bien, ils le savent et, dans ce cas, ils trahissent le mouvement du prolétariat. Dans un cas comme dans l'autre, ils servent la réaction"</I> (fin de citation). <DD>Cette citation d'Engels sur la Révolution conduit à tirer les enseignements suivants : la révolution c'est avant tout un acte brutal même si à certains moments de l'histoire elle peut se faire pacifiquement. Jusqu'à présent, l'histoire ne connaît que très peu de cas de la révolution pacifique. La révolution exige une certaine autorité de la Direction politique et surtout du Chef de cette Direction politique qui conduit le mouvement. L'autorité de la Direction politique et du Chef de la Direction politique s'acquiert par l'expérience, un certain savoir-faire des cadres qui composent cette Direction politique. Elle ne s'impose pas de façon militariste. L'autorité du Chef de la Direction politique en dehors de ses propres qualités d'expérience et son savoir-faire s'incarne à travers l'attitude des militants de la Révolution vis-à-vis de leur Chef et avant tout à travers l'attitude de chacun des membres qui composent la Direction politique. Ignorer une telle autorité du Chef de la Révolution ou tenter de la diluer par tel ou tel comportement, c'est préparer consciemment la crise d'une Direction politique et c'est jouer le jeu de la réaction. Un tel comportement réunit deux éléments fondamentaux qui ont toujours miné l'action des Directions Révolutionnaires : l'opportunisme et l'anarchisme. La Révolution suppose enfin une délimitation nette des tâches des membres de la Direction politique, des organes dirigeants du Parti, des organes d'Etat et de toutes les organisations de masses dans une société donnée. Le non clarification de toutes ces notions tend à bloquer le processus révolutionnaire. Seule l'analyse scientifique marxiste de la situation peut permettre la conjuration d'une telle crise.

<DD>Quel est l'élément fondamental de la crise ? Au lendemain de la crise en place du Comité Militaire du parti, celui-ci était un organe cohérent, autoritaire, uni derrière un Chef qui s'affirmait de jour en jour. Tout discours du Président du Comité Militaire du Parti, tout compte-rendu d'une réunion du Comité Militaire du Parti, tout mot d'ordre du Comité militaire du Parti, tout cela constituait pour l'ensemble de nos organes dirigeants du parti et de nos organisations de masses des directives immédiatement exécutables. Tout cela permettait de dénouer aisément soit une crise

politique, soit une crise économique. On sentait un mouvement révolutionnaire profond. Aujourd'hui comment sont interprétés les mots d'ordre, les décisions, les comptes-rendus, bref toute action de redressement Comité Militaire du Parti ? Comment se fait la transmission de toutes nos directives à travers les instances du Parti, de l'Etat et de la Jeunesse qui sont habilitées à faire mouvoir tout notre système social pour la réalisation des tâches révolutionnaires ?

<DD>S'il n'y a pas une analyse scientifique pour trouver des réponses nettes afin qu'au sein de la Direction politique une critique et autocritique sincères soient faites pour que le parti ne puisse se battre que comme un tout cohérent contre l'ennemi commun et pour un véritable redressement, aucune de nos actions ne connaîtra un véritable succès. Aucune révolution ne saurait réussir dans la confusion et la pagaille. Il faut décanter la situation et remettre les choses à leur place afin que l'autorité du Chef s'affirme, son action soit suivie et que le point de vue de la Direction politique soit unique, ferme et ait un caractère de loi une fois la décision prise.

<DD>Comment sont alors transmises à la base et dans les instances du Parti et dans les organisations de masses l'ensemble des décisions prises ? Le Comité Militaire du Parti a adopté avec l'ensemble de la Permanence du Parti et des Responsables des Organisations de messes le programme biennal d'action gouvernementale. Après discussions le Comité Militaire du Parti a adopté la création des Secrétariats Généraux au niveau des ministères; le Comité Militaire du Parti s'est prononcé avec l'ensemble de la Permanence du Parti et des Responsables des Organisations de messes sur le fond de solidarité nationale. Le Comité Militaire du Parti a pris toute une série de mesures : chacun de nous les connaît. Toutes ces mesures sont claires et nettes et elles sont révolutionnaires. Quel est le point de vue exacte du Camarade Premier Vice-président, chargé de la Coordination des activités du Parti sur chacune de ces mesures aujourd'hui, lui qui a la mission de les transmettre à la base par le biais de la Permanence du Parti ? Quelle est son interprétation de l'Acte Fondamental à propos des pouvoirs du Président du Comité Militaire du Parti et comment il l'explique à la base? Comment la base peut-elle suivre, comment les organisations de masses peuvent-elles soutenir efficacement l'action de la Direction politique quand l'on veut maintenir

en permanence un état de confusion dans leur esprit?

<DD>La Direction politique a-t-elle suffisamment tiré les leçons du document du Comité Central de l'UJSC ? Et qui a orienté le travail pour que l'UJSC écrive un document d'intimidation à la Direction politique, sur des mesures déjà prises par cette même Direction politique ? C'est bien sur instruction du Premier Vice-président. Si ce n'est pas sur ses instructions alors c'est dangereux, l'action menée au niveau de la permanence du parti. Car en défendant le document de l'UJSC sur le sens de sa légitimité, le Premier Vice-président prend position pour la dégénérescence et le libéralisme qui tendent à gagner nos organisations de masses. Chacune des autres Organisations de masses en dehors de l'UJSC s'attendaient à produire son document du même genre. Alors, qui donne les instructions à ces organisations de masses pour remettre en cause chacune des décisions de la Direction politique ? C'est bien sur ordre du Premier Vice-président qu'elles agissent ainsi, puisque nous voyons à chaque fois le Premier Vice-président revenir sur tel ou tel point arrêtés par la Direction politique et il lui paraît toujours impossible de faire comprendre à la base que toute décision prise par la Direction politique doit connaître son application. Ou il est solidaire avec nos décisions, ou il ne l'est pas, alors qu'il se détermine clairement au lieu de vouloir toujours donner à la base l'impression de quelqu'un qui ne serait pas concerné par les décisions de la Direction politique. Les décisions du Comité Militaire du Parti (C.M.P.) nous engage tous et personne n'a le droit de se désolidariser pour une ambition quelconque, pour un certain jeu d'électoralisme. A quel moment doit-on demander à la base de faire des suggestions et des propositions ? Est-ce avant la prise de la décision par la Direction politique ou après? Et comment se comporte le Coordinateur des activités du parti quand on se trouve face aux organisations de masses ? Son intervention au niveau de l'UAMPT devant le syndicat ne soutenait-elle pas le point de vue dont il est solidaire ?

<DD>Ce que l'UJSC n'a pas voulu nous dire, c'est qu'elle a reçu des instructions strictes du Camarade Premier Vice-président pour faire des contre-propositions à la direction politique après que celle-ci ait pris des décisions. Ce que l'UJSC n'a pas voulu nous dire, c'est qu'elle a reçu des instructions strictes pour faire un cours

d'éthique à la direction politique, sinon un cours sur la notion du centralisme démocratique et qui renferme la fameuse <I>"démocratie"</I>. On souhaiterait un peu voir clair si l'action si l'action du Camarade Premier Vice-président au niveau de la Permanence du parti consiste à tout mettre en œuvre pour que les décisions arrêtées par le Comité Militaire du Parti soient immédiatement exécutables par les organisations du parti et les organisations de masses ou au contraire à ce niveau-là il s'agit d'un autre centre de contre-propositions qui conduit inévitablement au polycentrisme dans le parti. Le ridicule de cette situation a voulu que répondant à la direction politique, l'UJSC loin de s'expliquer sur l'ensemble du document, s'explique au contraire uniquement sur quatre points et ces quatre points ont été ceux-là même arrêtés par le Comité Militaire du Parti pour base de discussions. Les réponses données par l'UJSC au Comité Militaire du Parti sur ces quatre points sont celles-là même arrêtées par le Comité Militaire du Parti lors de sa réunion. Simple coïncidence, peut-être. La Permanence du Parti agit comment par rapport à l'action de la Direction Politique? A quoi l'on joue ? Le Président Marien NGOUABI n'a-t-il pas souffert sa vie durant de l'opportunisme au sein du Parti?

Les responsables du Département de la Propagande ne sont-ils pas convoqués en permanence par le Premier Vice-président du Comité Militaire du Parti pour recevoir des remontrances du fait que les groupes folkloriques chantent au nom du Président et cela est considéré par lui comme une tendance au

<I>"MOBUTISME"</I> ? Les mêmes responsables du Département de la propagande ne sont-ils pas vivement reprochés par le Camarade Premier Vice-président du Comité Militaire du Parti sur les pagnes portant l'effigie du Président du Comité Militaire du Parti ?

<DD>Pour mieux comprendre la situation il y a lieu de savoir où vont les fonds des réalisations de la propagande et où vont les mêmes fonds quand il s'agit de la vente des pagnes à l'effigie du Président du Comité Militaire du Parti. Si celui-là même qui oriente l'action de la propagande se prononce contre une propagande au nom du Chef, n'est-ce pas là une révolution dont l'autorité du Chef se voit complètement diluée ? Le point de vue du Coordinateur des Activités du Parti n'est-il pas aujourd'hui que le

programme biennal d'action gouvernementale a été adopté sans que le Parti ait été associé ? A l'entendre s'interroger sur le programme, c'est comme s'il n'avait jamais assisté à aucune séance de discussion sur ce programme. On voudrait plus chercher à crier à l'échec du programme que de tout mettre en œuvre pour l'élaboration du programme. En cas d'échec du programme, à qui demandera-t-on des comptes ? C'est bien sûr au Président, comme le disait Marien NGOUABI, le 23 novembre 1971, à la Place de la Liberté. Ce jour-là il y en aura qui ne seront plus solidaires avec la Direction politique et paraîtront pour des sauveurs. C'est la véritable comédie du pouvoir, s'écrira Françoise Giroud.

<DD>Qui a adopté ce programme ? N'est-ce pas la Direction politique? Oublie-t-on comment le programme a adopté ? Où se situe donc le Parti par rapport à la Direction politique ? Qui doit parler au nom du Parti et qui ne doit pas parler au nom du Parti ? Le Coordinateur des Activités du Parti au lieu de soutenir l'action de la Direction politique dont il est le NUMERO 2 prétend soutenir la tendance qui consiste à faire propager l'idée selon laquelle une longue discussion n'a pas été menée à la base sur le programme d'action. C'est bien dommage que l'expérience de neuf ans au sein du Parti n'a pas encore permis au Coordinateur des Activités du Parti de comprendre que dans les moments de guerre et de crise économique la Direction du Parti doit éviter trop de discussion à la base et qu'il faut agir vite pour toute décision à prendre pour sauver la révolution. Nos théoriciens du centralisme démocratique n'ont pas encore compris que le centralisme démocratique ne doit pas s'appliquer d'une lanière dogmatique, mécaniste, voire métaphysique. Il faut le concevoir au contraire d'une manière dialectique. Il y a de ces moments de l'histoire où la Direction politique doit éviter ou de longues discussions, ou toute discussion avec la base lorsque les circonstances l'imposent.

<DD>C'est le cas de la situation actuelle de la crise économique que traverse la République Populaire du Congo. Il y a aussi de ces moments de l'histoire où la minorité a raison sur la majorité, c'est le cas de la signature de la paix de BREST où LENINE était minoritaire lorsqu'il demandait à signer la paix alors que L'ensemble du Comité Central se prononçait sur la poursuite de la guerre. Lorsque Lénine a menacé de

démissionner, le Comité Central a reculé et la paix fut signée. C'est Lénine qui a eu raison, car la signature d'une telle paix a permis à l'Union Soviétique d'amorcer la construction du socialisme. Un autre exemple c'est que lors de la discussion des projets de statuts, les idées de Lénine n'ayant pas triomphé, Lénine s'est soumis à la majorité. Mais sur le terrain d'application on ne pouvait pas avancer, parce que les positions défendues par MARKOV et adoptées par le Comité Central constituaient un frein. On était obligé de changer les Statuts et adopter les idées de Lénine. C'est dire que notre Coordinateur des Activités du Parti devrait faire un effort pour comprendre tous ces aspects.

<DD>La lutte qui nous divise n'a rien de mystérieux et je le démontrerai dans le cadre de l'Armée que ni notre Chef d'Etat-major Général, ni notre Ministre de la Défense ne comprend rien de la structure politique du Parti dans l'Armée. C'est un grand danger pour la révolution et aucune guerre ne sera gagnée dans une telle pagaille où des hauts responsables du Parti confondent tout et orientent tout selon leurs désirs et je leur demande de faire un effort. Le débat sur l'armée, j'en viendrai tout à l'heure, devra être vue sans passion par les militants de l'armée pour que, pour l'histoire du Parti, de futures générations sachent qu'en adoptant la structure politique du Parti dans l'armée, le Ministre de la Défense et le Chef d'Etat-major Général avaient une conception qui n'avait rien à voir avec les principes marxistes-léninistes du parti Appliqués à l'armée, en un mot leur conception était erronée.

<DD>Mais arrêtons-nous encore de façon générale au Parti. Comment notre Coordinateur des Activités du Parti répond-il aux questions que lui pose la base du Parti ? Ce sont des réponses embrouillées, qui ne reflètent ni l'esprit du Parti, ni la situation concrète. Son thème principal, c'est l'éthique et la défense de la ligne du Parti incarnée par le Président Marien Ngouabi. Que signifie tout cela ? Comment comprend-il l'éthique et quelle est sa Démonstration de l'éthique ? Est-ce pour que le Chef du Parti vive dans la misère ? Le Chef du Parti ne représente-t-il pas toute une nation ? Le Chef du Parti a-t-il des propriétés privées et ne doit-il pas bénéficier d'un minimum Pour bien mener à bien les tâches de la Révolution et être compris ? Qui doit Défendre valablement la ligne du Parti incarnée par le Président Marien Ngouabi. En dehors du

Chef actuel ? Quel sentiment veut-on donner aux militants ? Quand on demande à notre Coordinateur des Activités du Parti pourquoi c'est le Président du Comité Militaire du Parti qui signe les Cartes d'adhésion des membres du Parti et non le Coordinateur des Activités du Parti, il donne des réponses vagues, induisant les militants du Parti dans l'erreur. Exemple de réponse à la question ci-dessus indiquée : *"L'histoire dira un jour qui a raison et qui a tort"*.

Que signifie tout cela ? Esprit d'imprécision ou incapacité de répondre ? Notre Coordinateur des Activités du Parti n'a-t-il jamais lu assez l'Acte Fondamental pour trouver des réponses nettes à toutes ces questions ? Sans tenir compte de nos propres limites, aux yeux des militants on se passe pour leader en tant que Chef du Parti, en reléguant le Président au second rang, celui de Chef de l'Etat. Comment les militants ne peuvent-ils pas croire à l'action néfaste que mène le coordinateur des Activités du Parti au niveau du Parti qu'à celui de la Défense. Dans un document officiel du Parti : *"Directives relatives à la vie de la Cellule du Parti Congolais du Travail"* ne voit-on pas la Direction du Parti commencer à la Permanence du Parti pour justifier la thèse selon laquelle le Premier Vice-président serait le Chef du Parti ? Quand on demande au Camarade de l'Organisation de se justifier sur un tel organigramme déjà en circulation dans le monde entier, sa réponse est que le travail a été fait sur instruction du Camarade Premier Vice-président. Le Camarade Premier Vice-président a-t-il des initiatives à lui à prendre pour modifier la vie du Parti et pouvoir l'adapter à ses désirs ? Faux bruit sur le Président, notre Coordinateur des Activités du Parti qui pourtant est le collaborateur immédiat du Président au lieu de désinformer à temps, au contraire il informe et est content de s'interroger lui aussi comme s'il ne suivait rien à la Direction politique. Et tout cela pour attendre que l'image du Président ternisse pendant que dans son coin on joue sans vergogne au leader en prônant une phraséologie qui n'a de sens que pour les mots qu'on avance, tout en dénaturant le marxisme de son sens concret pour ne retenir en lui que tout ce qu'il y a de vague, de contenu abstrait à travers des mots qu'on lance aux militants non préparés et qui prennent ces mots abstraits pour des vérités du marxisme.

Notre Coordinateur des activités du parti n'a aucun point de vue à lui qu'il serait en mesure de défendre lui-même jusqu'au bout. Aucune décision sérieuse, aucun sens de précision, des idées vagues qu'on lance parmi les militants, esprit de confusion, il n'y a en lui que le sentiment de l'irresponsabilité et il ne faut pas attendre de lui une orientation quelconque dans la véritable ligne du Parti. Toujours ces mots : *"A la base on pense, les militants pensent, les camarades de tel ou tel pays pensent"*, et jamais de ce que nous pensons.

La révolution ne se fait pas sur des calques et la nôtre se joue sur le territoire congolais. Tout cela caractérise l'esprit confusionniste de notre Coordinateur des activités du parti dans la lutte du peuple congolais. La révolution ne se fait pas avec *"les ce qu'on pense"*. La révolution on la mène, on oriente l'action et on avance et elle est incompatible avec une vie d'incertitude. Il faut dans la révolution organiser les masses ; les orienter, s'inspirer de leur expérience et décider en conséquence. L'esprit d'indécision et d'incertitude est contraire à la lutte révolutionnaire.

Dans un journal du parti, *"Etumba",* organe central du parti, on voit le Président tout petit en bas et le Premier Vice-président tout grand en haut et à la page une, tout cela ne frappe personne, même pas les militants du parti, même pas notre Coordinateur des activités du Parti qui oriente une telle propagande. On ne censure pas le journal, il circule et tout cela est normal pour la vie d'un parti marxiste-léniniste.

Une multiplicité de protocole : sirène par-ci, sirène par-là, je ne vois pas trop clair dans tout cela. Le protocole national arrête le programme officiel du défilé approuvé par le Président. Très tôt avant le défilé, on voit tel ou tel émissaire nous contacter individuellement pour avertir que le programme subit des modifications, que le ministre de la Défense passe aussi en revue les troupes avant le Président. Jamais de modifications officielles. Je veux bien que le ministre de la Défense passe en revue les troupes, mais à quel moment ? S'il passe en tant que Ministre, est-ce quand l'ensemble de la direction politique est déjà-là, y compris son Chef du Gouvernement ou avant ? Il y a lieu de clarifier de telles situations pour que plus personne ne s'interroge.

Des bataillons entiers qu'on recrute et personne ne dit mot. N'y a-t-il pas lieu de déterminer concrètement, scientifiquement, le nombre d'éléments devant assurer la garde de tel ou tel responsable de la direction politique à l'exception du Président ? Sinon, comment comprendre et expliquer le folklore qui, parallèlement à la garde du Président, s'orchestre au niveau de la garde de notre Coordinateur des activités du parti pendant que des casernes manquent de troupes et pendant que d'autres responsables de la direction politique ont du mal à renforcer ne fut-ce qu'au minimum leur système de sécurité ? Quelle est cette notion du pouvoir ? y a-t-il une différence entre un déplacement du Premier Vice-président et celui du Président tant à l'intérieur qu'à l'extérieur ? Tous les moyens de presse ne sont-ils pas utilisés pour transmettre et commenter le moindre geste du Premier Vice-président ? Dans quel pays, où une véritable révolution se fait, assiste-t-on à une telle confusion de rôle ? La révolution n'a qu'un seul chef et tout le reste ne sont que des collaborateurs. Aucune action révolutionnaire ne pourra être menée à bien au niveau du Parti s'il n'y a pas clarification par rapport à ces points. Toute la crise dans le parti se situe à ce niveau.

S'agissant de l'Armée : il faut tout d'abord s'accorder sur le fait que notre armée est inorganisée, indisciplinée, non combative, sous-commandé, aucune autorité de la part du Chef d'Etat-major Général, encore moins de la part du ministre de la Défense. Je veux bien croire que notre ministre de la défense ait dix-sept (17) ans d'armée. Mais notre ministre de la défense n'a-t-il jamais tiré les enseignements du Président Marien Ngouabi aux côtés de qui il a fait son école ? Pour demander à notre ministre de la défense de mieux se pénétrer de la pensée du Président Marien Ngouabi, il y a lieu de lui rappeler cette citation du fondateur de notre parti :

"Je dois dire ici, et solennellement, que la révolution ne se fait pas en un jour et que le révolutionnaire ne se forme pas au cours d'un événement ou d'un exploit glorieux; que les intellectuels bourgeois peuvent enseigner la théorie marxiste alors qu'ils n'y croient pas et passer pour des révolutionnaires; que ce n'est pas parce qu'on a été dans l'armée ensemble ou à la JMNR pendant la révolution, ou parce qu'on a milité ensemble à la FEAMF ou à l'AEC, que l'on doit former une école ou une classe de révolutionnaires.

Je précise ensuite que le peuple congolais n'a pas encore vu clairement l'action concrète des révolutionnaires congolais en faveur des déshérités. Parmi nous, il en est qui ont commis des erreurs ou qui ont commis des fautes et qui s'en sont extériorisés, qui passent à la censure, cependant que d'autres ont péché en silence. C'est encore plus grave ! Au nom du peuple congolais, nous disons : "Assez de jouer à cache-cache, de paraître aux yeux des militants comme étant les mieux nantis d'expérience marxiste et les seuls capables de transformer les choses !" (Fin de citation).

Je m'excuse d'une telle longue citation du Président Marien Ngouabi, car le Président Marien Ngouabi. C'est nécessaire parce que notre ministre de la défense aime si bien avancer ses 17 ans dans l'armée, sinon le N° 6 de sa carte de membre du parti. Et je voudrais bien poser la question à notre ministre de la Défense à quoi lui ont servi ses 17 ans dans l'armée s'il n'a pu tirer aucune expérience tout comme dans le parti ?

Ou il a été bien remercié pour les 17 ans dans l'armée, car le Président Marien Ngouabi a fait de lui ministre délégué à la Défense et à la Sécurité. Comment notre ministre de la Défense a-t-il fait pour organiser la défense et la sécurité de son Chef ? Le Commandant en Chef de notre Armée, à cause de l'insouciance, des méthodes de travail archaïques, relevant purement des propres désirs, du manque des méthodes de travail de notre ministre de la Défense, a été assassiné en plein Etat-major Général, alors que l'Armée était consignée. Quel doit être le sort de notre ministre de la Défense et de la Sécurité et de son Chef d'Etat-major Général en dehors de toute concession ? Je ne remets nullement en cause ce qui a été décidé, mais je voudrais savoir si au lieu de se faire trop grand aujourd'hui, le sort réservé à notre ministre de la Défense et de la Sécurité et à notre Chef d'Etat-major Général, si une telle situation demande en ce qui le concerne, même une analyse pour les militaires que nous sommes ? Non seulement pour le minimum, ils ne sont pas dégradés, mais ils se gardent encore. Il y a des moments de l'histoire qui se couronnent de ridicules et les gens, au lieu de comprendre certaines concessions dans le processus révolutionnaire, veulent voler trop loin. Tant bien d'autres révolutionnaires en dehors de nous autres qui feront l'histoire de notre révolution auront à se prononcer librement sur la question. Et notre ministre de la

Défense et de la Sécurité et notre Chef d'Etat-major Général sauront la place que leur réservera l'histoire.

Non, Camarades, apprenons à travailler, car il s'agit de la révolution et la révolution obéit à des principes, à des méthodes de travail dans tous les domaines de la vie, y compris l'armée et surtout l'armée. Or, il se trouve que de tout temps, notre ministre de la Défense et notre Chef d'Etat-major général confondent ces questions. Je vais me permettre de leur citer quelques normes léninistes de la vie du parti dans l'armée. Ces principes sont le centralisme et la démocratie à l'intérieur du parti, la collégialité dans la direction des organes du parti dans l'armée, la critique et l'autocritique, le lien avec les masses qui constituent une force dans la direction du parti dans l'armée, l'unité de parole et d'action, le contrôle de la troupe. Tels sont les grands traits qui caractérisent la vie du parti dans l'armée. Et si tel est le cas, quelle serait l'instance dirigeante du parti dans l'armée pour faire appliquer de tels principes ?

La réponse est nette. L'instance politique dirigeante du parti dans l'armée, c'est bel et bien la direction politique générale à l'armée, même si notre ministre de la Défense a bloqué à son niveau ces documents pour ne reconnaître cette évidence. Il confond tout et pense que la direction politique générale à l'armée n'est pas l'instance politique du parti dans l'armée qui remplace le C.P.A. Mais si, camarade ministre, la D.G.P.A. remplace la G.P.A., toute autre institution militaire dans l'armée ne peut être que le Comité de Défense. Et tout comité de défense est présidé par le chef du parti qui, en cette qualité, est le Chef suprême des armées. Quand on pose ces questions, on ne trouve pas une réponse nette.

Comment le Président peut-il suivre directement la politique de l'armée ? Est-ce à travers un compte-rendu fait par le ministre de la Défense, ou au contraire le ministre de la Défense qui exécute, sur ordre du Président, les grandes décisions prises en conseil de défense ? Que peut signifier la nouvelle direction militaire actuelle composée de : ministre de la Défense, Chef d'Etat-major Général, Chef de la Direction politique générale à l'armée et le ministre de l'Intérieur ? Est-ce le Comité de Défense ou quoi ? Si c'est le comité de défense ou toute institution militaire du genre (peu importe l'appellation), c'est le chef du parti, président de la République qui en est le président. En connaît-on de ces comités de défense dans les pays révolutionnaires où le Président n'assume pas la présidence ? A Cuba, c'est bien Fidel Castro qui en est le Président, en URSS : Brejnev; en Corée, Kim Il Sung; en Chine, Hua-Kuo-Feng, etc... Il faut que ces choses soient nettes pour qu'in travaille sans nous bousculer pour rien les uns les autres. La structuration de notre armée doit pouvoir répondre à nos objectifs.

Hier le Comité militaire du parti (CMP) adoptait un organigramme par principe. L'organigramme est une chose, et les rapports qui s'établissent dans le fonctionnement est une autre chose. D'abord nous pensons que quand nous faisons venir des camarades des pays amis ici, nous les utilisons comme conseillers, mais en aucun cas ils ne peuvent se substituer à nous. Le fonctionnement d'un organigramme de l'APN (Armée populaire nationale) exige que son explication soit donnée par le ministre de la Défense, ou le Chef d'Etat-Major Général ou tout autre cadre de l'Armée apte à expliquer un organigramme que de voir la pagaille qui s'instaure dans notre armée où des camarades que nous croyions pouvoir nous aider loin de nous expliquer l'organigramme ne font que rétorquer à toute question qu'on leur pose que le ministre a voulu que ce soit ainsi. Ce qui signifie en clair qu'ils ne sont pas eux-mêmes convaincus.

Alors, le ministre de la Défense veut conduire notre pays vers où ? L'assassinat du Camarade Marien Ngouabi ne lui a jamais permis de tirer les leçons d'une organisation solide ? Pour vous convaincre de ce que le camarades ont fait un travail selon les voeux du ministre et non pas par rapport à la ligne du parti, non pas par rapport à ce qui se passe chez eux à quelque chose près, et qu'eux-mêmes ne croient pas à ce qu'ils ont fait sauf que c'est le ministre de la défense qui le leur a imposé, je demanderai à la Direction politique que nous constituons, de suivre le débat sur la partie concernant la Direction politique générale à l'armée, la conclusion sera qu'ils s'aligneront sur nos positions parce que ce sont les positions du parti et non la ligne que leur a dictée notre ministre de la Défense pour faire de l'armée je ne sais quel outil. Le travail politique du parti dans l'armée revêt deux aspects :

a)- Le travail du parti à proprement parler et qui dépend de la direction politique, donc directement dirigé par le Chef du parti, et,

b)- Le travail politique en vue de permettre l'exécution des tâches militaires. L'organe politique supérieur du parti dans l'armée étant la direction politique générale à l'armée, c'est elle qui assure la direction des organisations du parti et de la jeunesse dans l'armée, en conformité des directives et des indications du Comité central du parti (CMP dans l'état actuel) et qui aussi organise le travail d'éducation politique des officiers, sous-officiers et combattants en tenant compte des tâches, des missions confiées à l'armée par le ministre de la défense. Il ne faut pas qu'on confonde tout cela à cause du simple fait que notre ministre de la défense est chargé de la Permanence du parti et qu'à ce titre il répond également directement par le biais de la direction politique générale à l'armée du travail politique du parti dans l'armée. Notre structure politique du parti ne prévoit nulle part que le ministre de la Défense sera en même temps le permanent du parti, ce qui d'ailleurs constitue la surcharge et l'inefficacité que nous ressentons aujourd'hui sur le terrain.

Notre ministre de la Défense peut bien être un bon cadre militaire engagé qui peut ou ne pas être membre du parti et d'ailleurs que l'on sache que chez nous, le ministre de la Défense *en tant qu'entité* isolée n'existe pas. En tant qu'entité et par rapport à nos statuts, il est rattaché à la présidence du Conseil d'Etat, en un mot à la présidence du parti. Tous ces aspects-là, notre ministre de la Défense ne les ignore pas. Alors pourquoi vouloir bloquer une structure politique de notre armée ? On préfère travailler dans le désordre pour tout orienter conformément à ses caprices et cela pour conduire la révolution jusqu'où ? Ou bien on le sait et on travaille, ou bien on ne le sait pas et on cherche à apprendre et à se comprendre pour que le travail marche. Dans un tel travail, l'esprit de bureaucratie auquel se livrent notre ministre de la Défense et notre Chef d'Etat-major général n'a pas de place, car ça provoque une crise des institutions. Et une telle crise est inconcevable avec la vie de l'armée. Dans l'armée, on commande aux hommes et on ne joue pas à la bureaucratie. Dans l'armée les hommes n'ont pas le droit de se caresser, mais ils ont le devoir impérieux d'exécuter des tâches précieuses de la révolution. On comprendrait très mal comment notre ministre de la Défense et notre Chef d'Etat-major général ont toujours désapprouvé toute descente que j'effectue vers la base de l'armée, Ont-ils peur que l'armée bouge ? Si c'est dans le bon sens, c'est la révolution et c'est justement là l'intérêt de la politisation de l'armée.

Non, camarades ministre de la Défense et Chef d'Etat-major général, vous ne devriez pas manifester une telle peur, mais au contraire m'encourager dans un tel travail. Pire encore, l'esprit de subjectivisme dans le travail fait que ni le ministre de la Défense, ni le Chef d'Etat-major général, personne n'est en mesure d'interpréter correctement la Note du 2ème Bureau. Relisez cette Note camarades, elle est juste, elle n'a rien de méchant, j'approuve tout son contenu sauf sur un point que le rédacteur de la note pourra reprendre en lisant le texte intégral de son intervention.

Vous oubliez certainement que dans la révolution, on défend des idées, des principes et on ne se constitue pas en un groupe d'amis sans fondement idéologique et organisationnel pour combattre tel ou tel ami de la révolution. Il y a lieu d'approfondir notre réflexion sur de tels aspects. Aucun esprit de collégialité et la direction politique générale à l'armée est toujours surprise des événements et des décisions de l'armée alors que ses missions vont d'échec en échec et il faut se taire. L'armée n'est pas une chasse gardée pour les responsables politiques de l'armée que nous sommes. On discute de tout au Comité militaire du parti. A quel niveau sont discutées les questions de l'armée ? La direction politique générale à l'armée ne se contente que d'un document fait par des techniciens au niveau de l'Etat-major général et du ministère de la défense, et avec ça on se plaint au niveau du parti que tout est fait par le Gouvernement sans associer le parti, encore que ce soit bien cette même direction politique qui met le gouvernement en place et nomme les techniciens de l'appareil d'Etat qui sont remplaçables suivant les circonstances. Comprenez où va l'ironie du sort. Quelle est la philosophie générale de notre armée quand on doit procéder au recrutement ? Tout cela, la direction politique générale à l'armée l'ignore. Si un concours de circonstances a permis aux uns et aux autres de se maintenir, alors il faut changer de méthodes de travail, sinon la révolution court un grand péril.

Il faut à chacun de nous un peu de modestie et éviter l'esprit de suffisance. S'il y a un camarade placé à la tête de la révolution, on doit se soumettre et soutenir son action, que de constater tout ce qui se passe à l'heure actuelle. De nombreux discours où on parle de tout sauf du chef du mouvement.

Comment voulez-vous que l'armée tourne quand, à la découverte du complot, le chef d'état-major général de l'armée m'annonce, à moi Commissaire politique de la zone, que les membres du Comité militaire du parti (CMP), chacun tentera de ne pas dormir chez lui ? Et quels moyens de liaison il met à la disposition de chacun d'entre eux ? Aucun. Et lorsque l'ennemi attaquera, qui doit prendre la direction des opérations ? On apprendra certainement que les Chefs militaires ont fui leurs maisons, les casernes militaires, pour se retrouver dans je ne sais quelle maison de la place. Et quand l'ennemi aura tout occupé, quel sera le sort de la révolution ? Il faudra donc courir derrière chaque chef pour savoir qui prendra la direction des opérations pour sauver la révolution ? Ce sera trop tard et c'est la faillite de la révolution. Tel est le visage que présentent aujourd'hui les chefs de notre armée. Je dis que la situation de crise est mûre et pour que la révolution avance il faut avant tout conjurer la crise.

L'armée doit bouger, avant tout les chefs de l'armée doivent bouger, avoir le respect et la connaissance appondis de toutes les questions de structures, pour que tous, comme un seul homme derrière le chef, nous accomplissions à bien notre mission pour le salut de la révolution.

>Camarades membres du Comité militaire du parti, je tenais à vous livrer ces quelques lignes de réflexions sur la longue mission que nous avons ensemble à mener. Je souhaiterais un débat franc sur toutes les questions soulevées.

Pierre ANGA.

[NDLR : Nous rappelons que la situation décrite, dénoncée par Pierre Anga a abouti au coup d'Etat du colonel Sassou Nguesso (5 février 1979), l'arrestation de Yhombi Opango (30 mars 1979) décidée par un Comité central du PCT surchauffé exactement comme ce qui s'est passé au récent forum du 5 au 13 janvier 1998,

suivie d'une détention de cinq ans et neuf mois, sans inculpation ni jugement. ANGA fut aussi jeté en prison pendant quatre ans. Il est à noter qu'à l'époque, les intéressés furent assignés à résidence dans leur village (Owando), là où a exactement commencé, en mai 1997, le conflit intra-tribal et intra-clanique (conflit individuel) qui deviendra par la suite la guerre civile qui aura duré cinq mois.

Un autre intérêt de ce document de Pierre Anga, en dehors du *climat permanent de complot*, c'est le fait qu'il met à néant une rumeur tenace selon laquelle Anga était le véritable assassin de Marien Ngouabi, qu'il était le chef du "commando qui avait ou aurait doublé celui prétendu des prieurs de Massamba-Débat". Mais nous aurons à revenir sur cette affaire dont les véritables assassins courent toujours et sont revenus au pouvoir, toujours par un fleuve de sang.

TRANSPARENCE va continuer à éclairer l'opinion en s'appuyant sur de tels témoignages historiques].

Nous publions les présents documents tels qu'ils nous sont parvenus, sans rien y modifier. Toutefois, il est important de rappeler à nos chers lectrices et lecteurs que ces documents datent de 1987. Nous avons gardé l'expression de l'auteur, comme si son exposé datait d'aujourd'hui.

Le cas de Pierre Anga est semblable à bien d'autres au Congo. Mais c'est lui qui s'impose à la réflexion dans la période que traverse en ce moment la vie politique de ce pays ; c'est lui qui explique aussi la deuxième partie de la vie politique de Pierre Anga.

La seconde vie politique du capitaine Pierre Anga commence le 18 mars 1977, jour de la mort tragique du Président Marien Ngouabi et finit en 1978.

Avant le 18 mars 1977, Pierre Anga était Officié d'ordonnance de Marien Ngouabi puisqu'il était devenu sans activité politique. Soudain, il réapparaît au-devant de la scène politique congolaise le jour même de l'assassinat de celui qui fut auparavant son chef. Qui donc est allé rechercher le capitaine Pierre Anga dans sa semi-retraite ? Qui donc le fait disparaître à nouveau de la scène politique congolaise et ce jusqu'à ce jour ? Autant de paramètres, autant d'interrogations, autant d'inconnus qui représentent un grave aspect du cas Anga.

Brièvement, resituons Pierre Anga dans le contexte de ce document.

Premièrement, toutes nos investigations concordent sur un point bien précis : le Capitaine Pierre ANGA est revenu sur la scène politique congolaise par la seule volonté bien calculée et bien secrète du Commandant Denis Sassou Nguesso. Pourtant, ce dernier n'a jamais entretenu de bons rapports avec lui - ni dans l'armée, ni dans la vie civile. Question de tempérament ? Peut-être bien ? Mais le Document de Pierre Anga nous en dit long... Lisez-le ; découvrez l'état des relations entre les deux hommes (surtout en politique). Alors, vous saisirez ou comprendrez l'idée qui se cachait derrière Sassou Nguesso, ministre de la Défense et de la Sécurité au moment où il faisait revenir Anga en politique ce 18 mars 1977. Est-il encore besoin de le souligner, que Sassou Nguesso tenait, évidemment à contrecœur, à avoir le capitaine Pierre Anga dans sa nasse.

Au cours de la réunion militaire que tient Sassou ce 18 mars 1977 à son Bureau du Ministère de la Défense, il tient à ce que Pierre Anga fût l'un des onze pairs historiques du Comité Militaire du Parti (C.M.P.), organe qui succéda à la direction politique du PCT de feu Marien Ngouabi.

Jusques aux obsèques du Président Marien Ngouabi, le peuple congolais n'a jamais su exactement ce que représentaient ces onze militaires rangés derrière le ministre de la Défense et de la Sécurité, le Commandant Sassou Nguesso. Il a fallu attendre la prestation de serment du colonel Yhombi-Opango pour tout savoir. Néanmoins, le Commandant Sassou Nguesso resta tacitement dans l'ombre de Yhombi comme jadis derrière celle de Marien Ngouabi. Le coup était parfait.

La vie du C.M.P. en ce reste de l'année 1977 fut, en apparence calme, du moins. Mais ce n'était qu'une apparence. Déjà, nous précise le témoignage du capitaine Pierre Anga dans son document, Sassou Nguesso qui a conservé de ce chef le porte-feuille de la

Défense et Sécurité (sur le plan de l'Etat) et la direction de l'appareil idéologique et de propagande (sur le plan du PCT-parti unique) commençait à contester l'autorité du Général Yhombi-Opango venu dans la galère comme un cheveu dans la soupe. C'est en ce moment-là que le capitaine Pierre Anga, très très averti du personnage qu'est le colonel Sassou Nguesso, commença à se rebiffer et à alerter ses pairs du C.M.P. à propos des actions souterraines, secrètes du colonel ministre de la Défense et Sécurité contre le premier d'entre eux, le général Yhombo Opango. Il décida donc de consigner sur papier ce qu'il pense réellement des agissements de semi-rebellion du membre du C.M.P., Vice-Président du C.M.P., le colonel Sassou Nguesso (à l'endroit du Président du C.M.P., Chef de l'Etat, le général Yombi Opango).

Le Document - *"Testament politique du Capitaine Pierre Anga"* - que nous publions in extenso porte avec éloquence le titre prophétique que voici :

"Ce qui nous divise et les moyens de conjurer une crise dans un processus révolutionnaire".

Courant 1978, tout se gâte donc entre les deux protagonistes du CMP, Pierre Anga et Sassou Nguesso. Celui-ci se rend vite compte que Pierre Anga risque bien de le gêner dans ses plans de destabilisation du Président Yhombi Opango. Des incidents ne cessent de se multiplier entre les deux hommes. Le Président du C.M.P., Y Yhombi-Opango joue le conciliateur, "le père de famille". La fronde va s'approfondissant entre Sassou et Anga. Une réunion ultime est tenue au Cabinet de travail du Président Yhombi à son domicile de Mpila. Le président yhombi a cru laver le linge sale en "famille" ce jour-là. Un des responsables politiques de l'Opposition - 1987 - *(NDLR : à l'époque dans le sérail du pouvoir)* eut à assister à cette réunion. Son opinion est que Anga avait raison quant au fond du problème qui opposa Sassou et Anga et reconnaît que malheureusement ce qui fut évoqué à cette réunion ne concernait que des questions de détail - ce qui finalement donna l'avantage à Sassou Nguesso qui se présenta comme la victime de Anga (accusé par lui de le discréditer) et Anga comme l'agresseur du Colonel. C'est ici que Sassou va enfin saisir l'occasion tant recherchée et rêvée pour se venger de Pierre Anga (plus tard par son emprisonnement et par son présent exil à

Owando). *[NDLR : au moment où le ou les auteurs écrivent ce document et le publient, Pierre Anga n'est pas encore mort. Il est dans le maquis].*

La suite, on la connaît plus ou moins. Sassou Nguesso finit par travailler d'autres pairs du CMP pour obtenir la suspension du Capitaine Pierre Anga du CMP - c'est le premier acte. Bien entendu, le CMP va laisser de côté le vrai problème, le problème de fond que soulève Pierre Anga dans son document que possède déjà chacun des onze membres du CMP Le général Yhombi est "gêné" par "cette querelle de famille", croit-il de bonne foi. Sassou, lui, se moque de cette considération de Yhombi. Il le lui fera bien voire en l'envoyant en prison pendant six années puis en le maintenant en résidence surveillée dès novembre 1984 jusqu'à ce jour.

Deuxième acte, Pierre Anga est suspendu du CMP

Mais la crise du pouvoir entre Sassou entre Sassou et Yhombi qu'il s'évertue à clamer et rassurer demeure. Sassou Nguesso se convainc donc de la "neutralité positive" de Yhombi dans son conflit réel avec Anga. Il va en profiter pour accélérer le processus de la destabilisation définitive de Yhombi. Au dehors du CMP, il contacte les divers Chefs de courants du M.22. Il se rallie Bongou Camille, Moundele-Ngolo (qui s'entendaient bien en ce temps-là), Combo-matsiona Bernard et Noumazalayi. Il se rallie également les ténors du courant M.24 - Nze, Kondho, Madzou, Okabando Jean-Jules, etc... Puis il recherche la coopération ou collaboration de quelques "vieux" briscards du PCT congédiés depuis 1977 : Thystère-Tchicaya, Ganga-Zanzou (celui-ci est une proie facile pour Sassou qui connaît bien les points faibles du magistrat dans l'affaire Kikadidi). Ainsi, Sassou met en place son puzzle d'accolytes que nous appelons ses croisés (comme au temps des Templiers).

Troisième acte : Février 1979.

Sassou met en exécution son coup d'Etat une fois rassuré que le Général Yhombi a été trop bon pour lui dans ces moments-là. Il le lui a bien rendu, notre reconnaissant et très fraternel Sassou Nguesso. Mais jusqu'où et jusqu'à quand va-t-il continuer de s'amuser ainsi sur le dos de ses contemporains ?

Quatrième acte :

Il ne veut plus être le spectateur serein qu'il veut paraître (en politique), après avoir tant humilié ses contemporains, les uns après les autres. "Il prend ou cherche à prendre leurs femmes" il ravale au rang de bête ceux qui tentent de l'empêcher de tourner en rond; il intimide à l'aide de sa police politique et de sa garde militaire; il a fini par institutionnaliser ces deux forces de répression devenues omnipotentes et omniprésentes. Mais, ironie du sort, Sassou Nguesso ne s'est pas illustré en évitant à son pays **la banqueroute** et à son peuple la misère, la honte et la tristesse devenue quasi quotidienne au Congo.

Sassou Nguesso a menti à son peuple, à l'opinion internationale sur bien de points précis. Yhombi, Anga restent prisonniers à Owando sans qu'il ne donne d'explication. A l'étranger, il affirme tranquillement que son prédécesseur Yhombi Opango est libre de ses mouvements. Tandis qu'au Congo tout le monde sait que Sassou ne veut pas entendre parler de Yhombi ni le voir séjourner à Brazzaville. Concernant Anga, il ne pipe pas un mot. Quant au sort de NDALLA GRAILLE, il s'étonne qu'on lui en parle. Voilà le personnage, voilà la parole de l'Officier. *Parlez-lui de l'Amnistie au Congo* dans le cadre de la paix, de la concorde nationale, de l'unité nationale évoquées par lui-même, *il répond froidement* (comme pour impressionner) *que non ; qu'il n'y a rien à solenniser de la sorte.* Voilà le fond de celui qui a voulu être le rapprocheur des frères Tchadiens en guerre...

Aujourd'hui, l'épais brouillards d'illusions dans lequel Sassou s'est enveloppé et a entretenu s'éclaircit encore davantage grâce au Témoignage de Pierre Anga qui rejoint et complète bien d'autres témoignages qui ont été rendus publics. Sasou a seulement chassé son naturel pendant un certain temps, mais celui-ci est revenu au galop. Il ne peut plus se protéger derrière le manteau opaque du PCT, celui-ci s'est déchiré largement avec l'affaire THYSTERE. Il ne peut plus faire appel à *l'esprit du système PCT,* celui-ci est déjà mort de sa belle mort après toutes les crises qu'a connues ce système (depuis la mort obscure de son fondateur, Marien Ngouabi). Le reste, c'est du vent, du raccolage. Plus personne, dans le PCT, ne croit plus à rien, à commencer pae

Sassou lui-même. Quant à Bongou Camille, il a commencé depuis belle lurette à faire dans l'ombre exactement le même parcours que son chef. Comme tous les "Dauphins" au Congo, il se prépare à renverser Sassou avec le concours des mêmes maîtres-tireurs de ficelles (installés dans les Cancelleries des pays de l'Est). Tout ceci n'est plus qu'un secret de polichinelle au Congo tant les mouvements de réajustement ou de salut de la révolution y naissent de la même façon.

1987. Le Congo-Brazzaville est retombé dans cette situation de crise politique dont Pierre Anga s'était déjà préoccupé de conjurer dès 1978. Il avait bel et bien tiré la sonnette d'alarme, mais on ne lui avait accordé que très peu d'attention. La victoire de Sassou en 1979 n'avait donc été qu'une victoire à la Pyrrhus eu égard au bonheur du Congo, à son unité nationale, etc...

Qui donc aujourd'hui ne reconnaît volontiers que le coup d'Etat de celui qui veut se donner des allures ou des assurances d'un grand énigmatique (pour ceux qui ne le connaissent pas en réalité), n'a recherché que l'accession au Pouvoir pour le pouvoir (signé Sassou Nguesso).

Pour toutes ces considérations, il a tué l'espoir parce que lui et ses hommes de main sont devenus corrupteurs et corrompus à merci. Un exemple tout récent : son féal Ngakala (brillant militaire de son état) a été vu à Paris le 6 avril 1987, vers 15 heures 45, en train de déposer des liaisses de billets de Francs CFA dans une des grandes Banques de la place. Soit le contenu de deux malettes. Il était accompagné d'un Garde du corps de la présidence et d'une accompagnatrice congolaise haut-de-gamme. De toute façon, ils sont nombreux, ces derniers temps, les rats qui courent ainsi à Paris pour y déposer de l'argent ou qui s'y rendent pour s'assurer comment l'argent volé au Congo "se fructifie bien" (sic). (Cas récent du ministre Lekoundzou et de sa femme - souvenez-vous les fameux gros sous saisis sur Madame il y a un temps).

D'autres ont choisi de se payer de luxueux appartements à Paris. Le ministre Adada a un somptueux appartement de 20 000 mètres carrés situé dans l'Ile de la Cité à Paris, un quartier pas accessible à n'importe qui (donc il n'est pas n'importe qui). Le Premier Ministre Poungui, Noumazalayi, l'Ambassadeur Ewengue ont des appartements à

Paris... Ewengue loge déjà les siens dans son appartement. Et tant d'autres acquéreurs de refuges en France. Car le bâteau sent déjà le naufrage.

Ainsi, huit ans plus tard, Sassou a perdu le contrôle de la situation qu'il a su patiemment tisser (16 ans durant) sous les présidents Ngouabi et Yhombi pris pour des naïfs par ses proches et sans doute par lui-même!

Huit ans de gestion par "pilotage à vue" (Poungui) jugée globalement négatif à l'étranger et devant déboucher sur une **banqueroute.**

Le ministre Lekoundzou et le Conseiller financier du président Sassou, Mouamba, ne contredisent pas ce point. Récemment, ils sont encore revenus bredouilles de leur recherche d'argent à l'étranger. Partout, on leur dit un "NIET" poli. Le Congo a cessé d'être crédible sur tous les plans. Personne pour lui prêter un moindre kopec. Et pour cause! Ils gaffent à l'O.N.U. (Ndinga-Oba), à Paris (Sassou sur le Tchad) et en plus ne règlent plus leurs dettes.

Fini la rigolade de Bembet Gilbert (dont la publicité dans les media etrangers, sous le label Sassou, ne paye plus), fini les numéros de cirque de l'ancien saltimbanque Bokamba-Yangouma (incapable aujourd'hui de prendre publiquement position sur les licenciements massifs de travailleurs congolais; incapable d'aller parler aux travailleurs en grève au port de Pointe-Noire en avril dernier), fini le jeu des Oba-Apounou, Ngakala (en direction des jeunes congolais qui revendiquent un mieux-être dans la poursuite de leur formation et qui prennent exemple sur le traitement privilégié dont bénéficient leurs camarades qui ont choisi l'armée). Fini enfin les réunions d'encensement par le PCT de **"l'homme des actions concrètes",** réunions auxquelles le peuple congolais n'avait jamais attaché le moindre crédit.

Tous ces rigolos sont devenus tellement beurrés qu'ils n'osent plus "montrer leur bouche" (sic). Ils se savent honis et vomis. Tôt ou tard, ils oseront le geste fatidique : abandonner Sassou (si ce n'est déjà en marche) **(1) (...).**

Nous avons cru de notre devoir patriotique de prendre la responsabilité, devant l'histoire, de rendre public à travers ce document, ce que Sassou et certains ne souhairent pas voir mis à la disposition de tous **(2).**

NOTES :

(1)- Ce sont des rigolos. En 1979, ils avaient chaussé des bottes de guerre contre "l'embourgeoisement", les jetons de présence, les commissions, les pratiques parasitaires, le champagne dans les bureaux et les soirées". Depuis cette période, les mêmes ne convoitent que des ministères où il y a des commissions, où l'on peut être corrompu, où l'on peut se faire un gros paquet de "beurre" (une grosse fortune). Un moment donné, Bongou Camille, Chef de l'idéologie, se sentait mal logé, grognait, s'agitait. sassou lui a donné, en plus de la gestion stérile du marxisme, le juteux Département des Marchés de l'Etat. Notre super-marxiste est devenu joyeux, fortuné au point de travailler contre son maître. Il a à présent, les moyens matériels de ses ambitions, moyens acquis en touchant commissions et prétendes à tour de bras. Ambassades socialistes et sociétés capitalistes de la place comblent ce grand membre du Bureau Politique, Numéro Deux, s'il vous plaît.

(2)- Un autre intérêt du document de Pierre Anga, en dehors du "Climat permanent de complot", c'est le fait qu'il met à néant une rumeur tenace selon laquelle Anga est le véritable assassin de Marien Ngouabi, qu'il est le chef du "Commando qui avait ou aurait doublé celui des prieurs de Massamba-Debat".

Après la lecture de ce document, aucune assertion, aucun doute n'est plus permis à ce sujet. Si Anga avait été l'assassin de Marien Ngouabi, il n'aurait pas apostrophé le ministre de la Défense et le Chef d'Etat6major comme il l'a fait.

A cet égard, c'est un document qui pèse et pèsera lourd, longtemps, dans le dossier de la mort de Marien Ngouabi.

NDLR : Les événements commentés dans le document ci-dessus se sont déroulés entre 1977 et 1987. A l'époque, et même à la Conférence Nationale Souveraine de 1991, personne n'a osé dire la vérité aux Congolais. Ni les uns ni les autres qui, aujourd'hui, s'empoignent à coups d'orgues de staline et de guerre des

communiqués, se renvoyant réciproquement la responsabilité sur les assassinats de telle ou telle période, n'ont voulu dire la vérité. Ayant adopté et appliqué l'omerta et le statu quo dans ces affaires douloureuses, il est indécent, malhonnête et bestial que de vouloir encore parler de Massoueme, Matsocota, Pouabou, Ngouabi, Massamba-Debat ou du Cardinal Emile Biayenda, créant, dans le même temps les morts encore tous frais de 1992, 1993, 1994 et 1997. Ils se sont lancés dans une guerre de chiffonniers pour la course aux postes ministériels, pour le fauteuil. Messieurs, dites-nous, maintenant que vous avez délié vos langues, qui a assassiné Marien Ngouabi, le Cardinal Biayenda et Massamba-Debat ? Où sont les restes, les dépouilles de Pouabou et Massamba-Débat ? La moindre des politesses due à un ennemi "vaincu", assassiné, liquidé physiquement puisque devenu inoffensif, est de rendre sa dépouille à sa famille pour bénéficier d'une sépulture digne de foi.

Si vous ne le faites pas, arrêtez donc de parler de ceux que vous avez volontairement suppliciés impunément et de vous en servir comme des balles de ping-pong. Continuez à vous masturber l'esprit, mais sachez que plus personne, plus aucun Congolais ne vous suit, ne vous écoute. Plus personne ne s'étonne de votre bestialité et humanisme, à l'exception peut-être de ceux qui vivent de vos crimes.

Même le "TESTAMENT" de Pierre ANGA qui nous est parvenu n'est pas un scoop pour nous. Nous l'avions déjà depuis longtemps quand même nous ne le publions que maintenant.

Pierre Kinganga, surnommé **Sirocco** est un officier congolais né le 27 juillet 1936 à Brazzaville et mort le 22 mars 1970 à Brazzaville.

Kinganga est formé à l'École Général Leclerc des enfants de troupe, puis de 1961 à 1963, à l'école militaire d'application de Saint-Maixent en France, dont il sort avec le grade de sous-lieutenant. Il est nommé lieutenant par la suite.

Classé officier de droite, il affiche sa sympathie pour l'ancien président Fulbert Youlou. Il est arrêté en 1968 par le régime de Massamba-Débat pour menées subversives. Il lui est notamment reproché pour son implication dans la tentative du mercenaire français

Jacques Debreton. Il est libéré en juillet 1968, à la faveur de l'insurrection qui prélude la chute du président **Massamba-Débat**.

Il se brouille avec le nouveau régime et est contraint à l'exil au Congo-Démocratique dès 1969.

Le 23 mars 1970, il tente un putsch militaire contre le président Marien Ngouabi. Sa tentative échoue et il perd la vie au cours des affrontements.

23 mars 1970 - Pierre Kinganga tente de renverser Marien Ngouabi

Par Wilfrid Sathoud

Pierre Kinganga(Sirocco)

Les "Trois Glorieuses", comme sont passées à la postérité les journées des 13, 14 et 15 août 1963, marquent le renversement du premier Président de la République du Congo, l'Abbé Fulbert Youlou, et la fin de la Première République. Les régimes qui en seront issus seront empreints d'un idéal révolutionnaire. La radicalisation du pays à la prise de pouvoir de Marien Ngouabi se concrétise le 31 décembre 1969 avec la mise en place de symboles beaucoup plus ancrés à gauche que ceux choisis à l'avènement de l'indépendance. Le Pays devient alors la République Populaire du Congo, le drapeau perd le vert et le jaune et passe au rouge surmonté de deux palmes encadrant une étoile et une houe et un marteau croisés, tels la faucille et le marteau du drapeau soviétique, l'hymne national devient alors "Les Trois Glorieuses"....

Cette période socialiste durera jusqu'en 1991 où l'on verra le retour des symboles républicains issus de l'Indépendance. Au cours de ces 21 années de pouvoir marxiste-léniniste de nombreuses tentatives de restauration de la première

république auront lieu. Parmi ces tentatives celle de Pierre Kinganga, alias Sirocco, le 23 mars 1970 fait figure d'oubliée.

Sylvain N'Tari Bemba, homme de culture, écrivain, musicologue a relaté ces faits dans les colonnes de l'hebdomadaire "la Semaine Africaine" N°2021 du 23 mars 1995, sous le titre :

Pierre Kinganga ou la restauration brisée du régime de la première République du Congo

« Les symboles, comme le pense le sociologue français Edgar Morin, sont des êtres immatériels » doués d'un dynamisme capable de porter les hommes qui les adoptent au-delà de leur dimension et comportement habituel. C'est ainsi que l'on peut comprendre la brève mais sanglante bataille qui en cette matinée du 23 mars 1970, opposa les unités d'élites de l'armée régulière à un groupe hétéroclite venu de la rive gauche du fleuve Congo : un affrontement de deux drapeaux. Le tricolore et le rouge écarlate. Kinganga fut vaincu par Ngouabi, et sept ans plus tard, ce dernier devait l'être lui-même par un système implacable qui obligeait le chef à toujours avancer, quel qu'en fut le prix.

En décidant, le 31 décembre 1969 de faire flotter au-dessus du ciel congolais le drapeau "des prolétaires et des paysans", les révolutionnaires frottés de marxisme et d'idéalisme se lançaient dans une espèce de fuite en avant ou un défi en chassait un autre, ou chaque coup de l'adversaire devaient susciter une riposte plus grande. Époque charnière à tous égards.

Quatre ans plus tôt, l'évasion de l'ex président Abbé Fulbert Youlou refugié à Léopoldville avait pris une signification précise dans le contexte de la guerre froide. Chaque protagoniste était appelé à choisir son camp, les oppositions idéologiques se cristallisaient autour de certaines figures emblématiques.

M. Bokanowski, F. Youlou, S. Tchitchelle et M. Tshombé sur le chantier du barrage de Sounda

Massamba-Débat contre Moise Tshombé : ils reproduisaient en Afrique l'affrontement sans merci entre les ouest africains Houphouët-Boigny et Sékou Touré. Ce dernier étant aussi fortement honni qu'il avait des partisans inconditionnels à Brazzaville. Querelle née autour de son voyage officiel (3-6 juin 1963) au cours duquel il aurait, lui l'ancien cadre syndicaliste, aidé grâce au fer de lance des centrales syndicales à déstabiliser son hôte, en dépit du curieux rapprochement contre-nature qui était en train de s'opérer entre le Congo et la Guinée.

N. Khrouchtchev et A. Massamba-Débat au Kremlin

Six ans plus tard, l'Union Soviétique allait remporter sur le camp "capitaliste" à partir de la double tête de pont aérien (Brazzaville - Pointe-Noire), et avec, sur le terrain, ses "tirailleurs sénégalais" venus tout droit... de Cuba (opération "Carlotta" suivie personnellement par Fidel Castro), une victoire ponctuelle qui

installait le MPLA au pouvoir, mais non décisive puisque l'UNITA et ses alliés sud-africains l'ont contestée jusqu'à la fin des années quatre-vingt sur le terrain.

Dans cette époque médiane de la fin des années soixante-dix, ce débarquement armé, le 23 mars 1970, d'hommes venus de Léopoldville (Kinshasa) a un air de déjà vu ; une précédente tentative menée par Bernard Kolelas s'était soldée en 1969 par la capture de la plupart des membres d'un commando d'éléments youlistes, ce qui n'est pas sans rappeler des événements similaires déjà intervenus en 1965 peu avant la tenue des Premiers jeux africains à Brazzaville.

En froid avec le régime révolutionnaire qui a une réputation de casse-cou, n'aurait vraisemblablement pas choisi de tenter cette "mission impossible" visant à renverser les institutions de Brazzaville, s'il ne disposait probablement d'un réseau de complicité au sein de l'armée. L'on ira même jusqu'à affirmer que ce jeune officier dont le nom de guerre est "Sirocco" parce qu'il a l'habitude de rouler à toute vitesse sur sa "Vespa" aurait réussi à s'infiltrer jusqu'auprès de certains responsables qui fréquentent les allées du pouvoir.

Tête brûlée par tempérament, Pierre Kinganga semble dans la foulée foncer tête baissée en cette matinée du 23 mars 1970 où il va aussi, en ce qui le concerne, brûler ses vaisseaux. A l'aube, ses complices se sont emparés sans coup férir de l'immeuble de Radio-Congo "La voix de la révolution congolaise". Précédé d'une musique militaire, un communiqué de victoire est émis de quart d'heure en quart d'heure et se termine par la diffusion de l'ancien hymne national "La Congolaise".

Dans les cités, des scènes de liesse ont eu lieu spontanément. L'on a brandi dans les rues de petits drapeaux aux anciennes couleurs nationales. Lorsque "Sirocco" est passé par le marché Total pour haranguer la population de véritables grappes de jeunes gens ont pris place à bord de véhicules privés. Destination : maison de la radio. Le climat est à la fête. Celle-ci va brutalement tourner au vinaigre. L'armée populaire nationale est finalement passée à la contre-attaque, à l'arme lourde. Pour les rebelles venus de l'autre côté du fleuve, le vent ou la chance a définitivement tourné. En début d'après-midi, le Commandant Marien Ngouabi peut annoncer l'écrasement de la "contre-révolution", Dans l'arrière-cour de l'immeuble dont le balcon central n'est plus que ruines, les forces régulières achèvent les vaincus. Les jeunes gens venus imprudemment du marché Total ne seront pas épargnés par ce bain de sang. Le lieutenant Pierre Kinganga est tombé. Dans leurs prochaines éditions, la presse du parti marxiste et celle de l'État vont publier de lui des photos qui le montrent à moitié nu, la poitrine bardée de gris-gris. Le capitaine Augustin Poignet, absent de la radio, a réussi à s'enfuir, ayant été plus ou moins de la partie ; un communiqué officiel demande sa capture, "mort ou vif".

Les représailles ne vont pas tarder. Désignée comme bouc émissaire, la gendarmerie nationale est dissoute peu après ; convaincus de complicité active, deux ou trois officiers et autant de simples gendarmes sont condamnés à mort par la cour martiale, et fusillés le 29 mars 1970. La fonction publique ne sera pas épargnée ; de nombreux agents seront frappés par des mesures "d'épuration". « A partir de maintenant, pouvait déclarer le camarade président Marien Ngouabi, la révolution reprend son élan, et nous ne déposerons les armes que lorsque la victoire de la révolution sera totale ». Dès lors, la spirale de la violence ne devait plus s'arrêter ; les assassinats en chaîne de mars 1977 devenaient, dans ce contexte, un épiphénomène plus sanglant que les autres.

1991 - Sassou s'incline au retour des Couleurs Nationales

Le jour ou la conférence nationale, après un débat houleux, a décidé le retour aux anciens emblèmes nationaux (drapeau tricolore et hymne national "La Congolaise"), Pierre Kinganga, le "cavalier seul" du 23 mars 1970, a peut-être pris une belle quoique encore incomplète revanche sur l'histoire. Il reste la matérialisation symbolique de sa réhabilitation, et celle de ses compagnons ».

Pour leur part, satisfaits de la réhabilitation dans la conscience collective nationale du premier Président de la République du Congo et premier député-maire élu de Brazzaville l'Abbé Fulbert Youlou, adoptée à l'unanimité par la conférence nationale souveraine, les anciens ministres des gouvernements de la première République du Congo adresseront aux trois principales autorités du régime de transition démocratique post-conférence nationale souveraine de fevrier-juin 1991 le message suivant :

Le premier gouvernement Youlou d'Union Nationale

Lettre des anciens ministres des gouvernements de la Première République du Congo aux autorités du régime de transition démocratique institué par la "Conférence Nationale Souveraine"

Brazzaville, le 06 septembre 1991

Source: CongoPage

Ange Diawara

Ange Bidie Diawara est un officier et homme politique congolais (Congo-Brazzaville) né à Sibiti en 1942 et décédé en 1973.

Biographie [modifier]

Diawara interrompt ses études supérieures en Sciences économiques en 1964 pour se mettre au service de la Révolution Congolaise. Il intègre la Jeunesse du parti unique, la JMNR et devient le commandant de la Défense Civile, la milice politique du régime de Massamba-Débat.

Durant le bras de fer entre le président Massamba-Débat et les officiers progressistes conduits par le capitaine Ngouabi, en juillet 1968, il opte pour le second camp. Son ralliement permet de désamorcer l'affrontement entre la Défense Civile, pro-Massamba-Débat, et l'armée.

Il devient premier vice-président du Conseil National de la révolution, mis en place le 4 août 1968. Il est également membre du Conseil d'état. Après la chûte de Massamba-Débat, la Défense Civile est dissoute et ses éléments reversés dans l'Armée Populaire Nationale. **Diawara** devient lieutenant dans l'armée de terre.

Ange Diawara jouit alors d'une grande popularité auprès de la jeunesse pour son intégrité et son désintéressement, ses aptitudes aux arts martiaux et ses talents militaires, ainsi que pour ses capacités théoriques et sa connaissance de la théorie marxiste. Il est l'un des fondateurs du Parti congolais du travail, institué par le président

Marien Ngouabi, le 31 décembre 1969. Membre du Bureau Politique, il est l'une des grandes figures de l'aile gauche du PCT, avec Claude-Ernest Ndalla et Ambroise Noumazalaye. A la suite du congrès extraordinaire du PCT convoqué par le Président Ngouabi du 30 mars au 1er avril 1970, après le putsch manqué du lieutenant Kinganga, il entre au gouvernement comme ministre du Développement chargé des Eaux et Forêts.

Rapidement, il se démarque de l'entourage de Marien Ngouabi, dont il fustige l'embourgeoisement, la corruption et les tendances au népotisme. Il est le concepteur du néologisme **obumitri** (Oligarchie bureaucratique militaro-tribaliste), qu'il popularise à travers des tracts qu'il fait distribuer dans le pays.

En décembre 1971, Diawara et ses amis tentent de mettre Marien Ngouabi en minorité lors de la session extraordinaire du Comité Central du PCT, convoquée suite aux grèves estudiantines de novembre 1971. C'est l'échec. Il perd sa place au gouvernement et au Conseil d'état.

Le 22 février 1972, il prend la tête d'un putsch contre le président Ngouabi. Leur tentative qui sera baptisée Mouvement du M22 échoue, et certains conjurés perdent la vie, Prosper Matoumpa-Mpolo, Elie Itsouhou, Franklin Boukaka... Plusieurs sont arrêtés, Noumazalaye, Ndalla, Bongou, Kimbouala-Nkaya... Diawara et quelques rescapés prennent le maquis à quelques dizaines de kilomètres de Brazzaville, dans les environs de Goma Tse-Tse, village natale de sa mère dans la région du Pool.

En avril 1973, Diawara et treize de ses compagnons, dont le lieutenant Ikoko, Olouka et Bakekolo, sont capturés et abattus. Selon la plupart des témoignages, ils avaient été arrêtés au Zaïre et livrés vivants par les autorités zaïroises. Leurs cadavres sont exhibés au Stade de la Révolution, le 24 avril 1973 au cours d'un meeting populaire tenu par le Président Marien Ngouabi.

La tentative du M22 marqua durablement les esprits au Congo, du fait de la popularité dont jouissait Diawara auprès des jeunes et de la mise en scène par le régime de son échec (procession macabre à travers Brazzaville et outrages exercés sur les cadavres), et aussi parce qu'elle demeure à ce jour, l'unique entreprise politique dénuée d'arrières-pensées ethniques dans l'histoire du Congo.

Le M22, une expérience au Congo, Devoir de mémoire, livre du Dr Pierre EBOUNDIT

par HANNIBAL | samedi 20 juin 2009 | (37) COMMENTAIRES

Le « M22 » (le mouvement du 22 février 1972), n'échappe pas à la règle. Le mouvement d'Ange Diawara traîne ainsi son lot de légendes, de mythes, de fantasmagories dans l'imaginaire des congolais, mais aussi, de mensonges nourris souvent par le discours officiel. C'est pourquoi le témoignage de Pierre Eboundit, l'un des acteurs du réseau urbain qui faisait jonction avec le maquis de Goma Tsé-tsé, rompt avec les conséquences du diptyque Violence/Exclusion, mais aussi servira d'aiguillon, nous l'espérons en tout cas, tel un pionnier, à d'autres acteurs encore en vie du « M22 » afin que toutes les facettes de cette histoire soient connues, au nom de la vérité historique.

Présentation du livre du Dr Pierre EBOUNDIT, intitulé : *Le M22, une expérience au Congo, Devoir de mémoire*

Livre sous forme d'entretiens, dirigés par Henda Diogène SENNY

Postfacé par Bernard Boissay

Paru en mai 2009, aux Editions Caccini communication, au prix de : 22 €

Par Henda Diogène SENNY

Le Jeudi 18 juin 2009

L'histoire contemporaine du Congo Brazzaville, dès l'aube des indépendances, est une histoire effervescente. A l'événement politique brutal, explosif, massif qui détruit les complexités sociales et psychologiques, s'ajoute le diptyque terrible suivant : Violence et Exclusion.

La Violence qui transforme l'événement politique en événement-traumatisme d'une part ; l'Exclusion, produit d'exclusivismes identitaires centrifuges (tribal, ethnique ou régional), menaçant en permanence l'altérité et le vivre-ensemble d'autre part, sont les deux faces de ce diptyque qui impose à la société congolaise, et plus particulièrement à son élite, des silences et des peurs, parfois, coupables. C'est ainsi qu'à la suite des différents épisodes douloureux qui jalonnent l'histoire du Congo Brazzaville, il n'y a presque pas de témoignages directs des protagonistes, pour la plupart encore en vie, laissant volontiers la place aux légendes et autres mystifications.

Le « M22 » (le mouvement du 22 février 1972), n'échappe pas à la règle. Le mouvement d'Ange Diawara traîne ainsi son lot de légendes, de mythes, de fantasmagories dans l'imaginaire des congolais, mais aussi, de mensonges nourris souvent par le discours officiel. C'est pourquoi le témoignage de Pierre Eboundit, l'un des acteurs du réseau urbain qui faisait jonction avec le maquis de Goma Tsé-tsé, rompt avec les conséquences du diptyque Violence/Exclusion, mais aussi servira d'aiguillon, nous l'espérons en tout cas, tel un pionnier, à d'autres acteurs encore en vie du « M22 » afin que toutes les facettes de cette histoire soient connues, au nom de la vérité historique.

Les mensonges du pouvoir d'alors

Groupe d'aventuriers hirsutes, tribalistes assoiffés de pouvoir, agents à la solde de la CIA *(Central Intelligence Agency)* donc contre la révolution… tels sont les arguments du régime d'alors pour justifier la répression aveugle contre les dirigeants du « M22 ». Evidemment, le résultat est éloquent : car dès l'échec de l'action du 22 février 1972, le pouvoir opère près de 1600 arrestations [1] sur tout le territoire national, trois camarades, compagnons de Ange Diawara, sont arrêtés et froidement assassinés : Prosper Mantoumpa-Mpollo à Pointe-Noire, Elie Théophile Itsouhou et Franklin Boukaka [2] à Brazzaville. Ensuite, un an plus tard après le lancement du « M22 », Ange Diawara et ses compagnons seront assassinés sans procès, respectivement le 16 mars 1973 pour Jean-Pierre Olouka, le 21 avril 1973 pour Ikoko Jean-Baptiste et Jean-Claude Bakékolo, et enfin le 23 avril 1973 pour Ange Diawara, suivie d'une scène macabre puisque son cadavre sera exposé devant le public au Stade de la Révolution, puis sillonnera par la suite dans les rues de la capitale congolaise.

Photo d'Ange Diawara au maquis de Goma Tsé-tsé

Or, à la lecture du témoignage de Pierre Eboundit, on apprend que ceux que l'on a présentés comme étant un groupe d'aventuriers hirsutes, dès l'échec de leur action le 22 février 1972, avec les conséquences que l'on sait en termes de répression, sans en être impressionnés, se sont retirés dans la campagne au sud de Brazzaville, principalement à Goma Tsé-tsé. Leur première réaction est de publier une brochure pour expliquer aux populations le sens de leur combat.

C'est ainsi qu'un document intitulé « L'Autocritique du M22 », va circuler sous le manteau à Brazzaville et à l'intérieur du pays. Les groupes de discussion se forment clandestinement autour de ce document, preuve de sa puissance d'analyse. Si la verve est révolutionnaire, fruit du discours de l'époque, à savoir : *« la destruction de l'appareil d'état bourgeois bureaucratique et néocolonial, instrument de domination et d'exploitation des masses populaires, au service de l'impérialisme et des classes dominantes »*, on y découvre surtout une dénonciation lucide des contraintes de servages économiques et les infirmités culturelles qui pèsent sur nos « pays nains » affectant ainsi son métabolisme de base. Par conséquent, si l'on peut discuter des moyens choisis par les dirigeants du « M22 » pour arriver à leur fin, on ne saurait par contre honnêtement nier la réalité des problèmes posés par ceux-ci.

L'autre accusation mensongère du pouvoir d'alors est de traiter les dirigeants du « M22 » de tribalistes assoiffés de pouvoir. Evidemment, dans un pays où 13 ans plus tôt, avait éclaté une guerre civile opposant Youlou le sudiste à Opangault le nordiste, événement que d'aucuns ont qualifié de « déterminisme historique », quand on sait que le président de la république d'alors, Marien Ngouabi était du Nord et Ange Diawara, leader du « M22 », originaire du Sud, les esprits simplistes se laissent naturellement abusés par une telle propagande.

Cependant, on y voyant de très près, on s'aperçoit que le « M22 » fut un mouvement basé réellement sur des idées, dépassant le cadre ethnique car comment expliquer la présence de nombreux compagnons de Ange Diawara tels que Ikoko et Olouka, assassinés comme lui et originaires de la région de la Cuvette, donc de même région que le Président de la République ? Et plus particulièrement, le cas de Pierre Eboundit, jugé et condamné, qui n'avait que 21 ans et lycéen encore, neveu du Colonel Yhombi Opango, chef d'État-Major Général des armées d'alors, et de surcroit cousin du Président de la République, le Commandant Marien Ngouabi ?

Par ailleurs, cette instrumentalisation du tribalisme par le pouvoir pour cacher les véritables revendications des insurgés était de bonne guerre d'autant que dans la brochure « l'Autocritique du M22 », Diawara et ces compagnons avaient magistralement mis à nu le tribalisme au sommet de l'Etat qui régnait comme dans une organisation scientifique de travail, à travers le slogan : O.BU.MI.TRI. (Oligarchie Bureaucratique Militaire et Tribale).

Enfin, agents à la solde de la CIA *(Central Intelligence Agency)* donc contre la révolution est un autre argument développé par les autorités d'alors pour discréditer le « M22 ». Or, dans un texte intitulé "Lettre du Zaïre", [3] et repris par Pierre Eboundit dans ce livre, on peut lire : *(...) Diawara et ses amis s'étaient repliés sur le territoire zaïrois où ils disposaient des « complicités », semble-t-il pour des questions de ravitaillement (les contacts Brazzavillois étaient « grillés »). Ils sont tombés dans un piège sans aucune possibilité de retraite. Pour Mobutu et Ngouabi il ne restait qu'à négocier la livraison du groupe Diawara contre celle du groupe des douze militaires (dont deux généraux et un colonel) qui avaient tenté de renverser Mobutu pendant son voyage en Chine et s'étaient enfuis à Brazzaville à la suite de l'échec de leur tentative.*

Comment alors traiter les dirigeants du « M22 » d'agents à la solde de la CIA, quand on sait qu'ils ont été livrés par Mobutu, élément notoirement reconnu comme étant l'allié des Américains en Afrique centrale, à un pouvoir se réclamant lui-même anti-impérialiste ? La ficelle, n'est-elle pas trop grosse ?

Le « M22 », vue de l'intérieur et le procès

A travers le témoignage de Pierre Eboundit, on découvre pour la première fois, l'organisation interne du « M22 », du maquis de Goma Tsé-tsé au réseau urbain avec différents tentacules dans toutes les couches sociales.

Autant, on est pris d'admiration devant le dévouement et la foi dans l'idéal qui anime les fugitifs dans le dénuement total, ce qui humanise ce combat ; autant, on y découvre aussi des amateurismes criards dus à l'inexpérience des dirigeants du « M22 ». Or, l'existence du maquis dépendant de la capacité du mouvement à trouver un fonctionnement quasiment clandestin, si les héroïsmes et la fidélité des compagnons ne manquent pas, comme le REMO (Réseau Moundélé, essentiellement constitué de ressortissants étrangers, blancs pour la plupart, dont Paule Fioux, Paule Deville, Kempf ou Mathis, Arthur ou Elico, Bernard Boissay ...), on relève aussi malheureusement l'existence de la traitrise, de la lâcheté, des agents doubles…

Enfin, arrive le procès. L'avant procès est caractérisé par les tortures d'une cruauté inimaginable sur les cadres du réseau urbain décapité. Ce qui donnera lieu, pour certains d'entre eux, aux aveux ; et pour d'autres, au reniement de leur appartenance au « M22 » ou d'une quelconque relation avec Ange Diawara.

Nous découvrons aussi les tractations entre le président de la Cour, Henri Lopès, représentant d'un pouvoir prétendument progressiste et anti-impérialiste, et l'avocate Gisèle Halimi, chargée de la défense des expatriés, associés au « M22 ». C'est ainsi qu'il y avait une différence dans le traitement des détenus. Les uns "épargnés" parce que ressortissants de la puissance coloniale, les autres (congolais) abandonnés à la merci des agents de la répression locale.

Pierre Eboundit, pionnier à contre-courant

Les guerres civiles à répétition subies par les congolais ces dernières décennies ont, non seulement rendu vermoulue une conscience nationale, déjà bien tenue, en la minant avec les larves d'insectes, de plus, elles ont développé une espèce de mentalité conditionnée ethniquement où les faits socio-politiques du passé comme ceux du présent, avec leur lot de déformation, viennent valider. C'est pourquoi, il faut un sacré courage aujourd'hui pour ramer à contre-courant tel un pionnier.

Lucien Febvre, grand historien français, disait, je cite : *Le sort du pionnier est décevant : ou bien sa génération lui donne presque aussitôt raison et absorbe dans un grand effort collectif son effort isolé (...) ; ou bien elle résiste et laisse à la génération d'après le soin de faire germer la semence prématurément lancée sur les sillons. (...).*

Dans ce rôle du pionnier contre les conséquences du diptyque Violence/Exclusion, l'hostilité à cette initiative de Pierre Eboundit pourrait d'ailleurs venir des siens propres. Car l'affaire « M22 », à l'instar des autres épisodes douloureux du Congo Brazzaville, a été conscientisée comme une validation d'une mentalité collective conditionnée ethniquement.

Mais « pionnier hérétique » déjà hier sous la « révolution » en rejoignant le « M22 », pionnier encore aujourd'hui en allant à contre-courant d'une société dont la conscience nationale est en lambeau, c'est un nouveau défi à relever pour Pierre Eboundit.

Car l'Histoire vraie, assumée, peut servir de ciment social en faisant d'une population un Peuple, Uni et Solidaire dans la construction du présent et de l'avenir.

Panafricainement !

Notes

[1] Gisèle Halimi, "*Avocate irrespectueuse*", éd. Plon, février 2002, p.164

[2] Prosper Mantoumpa-Mpollo est Lieutenant de l'armée - Elie Théophile Itsouhou est membre du Comité Central, ancien Ministre - Franklin Boukaka, Chanteur très populaire dans son pays et à travers l'Afrique pour ses chansons engagées.

[3] Publié dans l'ouvrage de Woungly-Massaga, « La Révolution au Congo », p.155 - p.157, Ed. François Maspero - Janvier 1974

La gifle d'Ange Diawara Il y a 1 Année, 10 Mois

Focus sur le Congo-Brazzaville, pour tout savoir sur ce pays pauvre riche à millions. Le Gri-gri sort sa calculette et vous donne les vrais chiffres. Comment le gâteau s'est partagé entre les différents dirigeants du pays et les exploitants pétroliers, sociétés offshore comprises.

Et parce qu'il n'y a pas de raison qu'ils soient les seuls à se régaler, un portrait assaisonné de "Sassou, black Milosevic ! ". Extraits : Né en 1943 à Edou, Sassou est présent sur la scène politique congolaise depuis 1963, avec pour unique diplôme civil, un BEPC (brevet d'études du premier cycle). (...) personnage déjà ambitieux, réalise son premier pas vers le pouvoir en 1972 en radicalisant Ngouabi afin qu'il se débarrasse du lieutenant Ange Diawara, auteur d'un putsch, et très apprécié au sein de la jeunesse... Arrêté à Kinshasa par la police de Mobutu, Diawara est tué à Brazzaville et son corps exposé au Stade de la Révolution de Brazzaville. Un spectacle insoutenable encouragé par Sassou et Yhombi. Pour la petite histoire, rappelons que Sassou en voulait à Diawara parce que celui-ci l'avait giflé en 1971, au motif que Sassou avait séduit et épousé la femme de son cousin Kader Diawara. (...) Selon un diplomate occidental, sous couvert d'anonymat, au Congo-Brazzaville, "il y a deux drames : le premier, c'est le retour de Denis Sassou Nguesso au pouvoir depuis le mois d'octobre 1997 à la tête d'une horde de miliciens (les Cobras) particulièrement féroces. Le second, c'est que les Congolais ne savent pas comment se débarrasser de ce Milosevic équatorial."

Poungui : Ange ou Démon ?

13/01/2009 - Lu 3202 fois

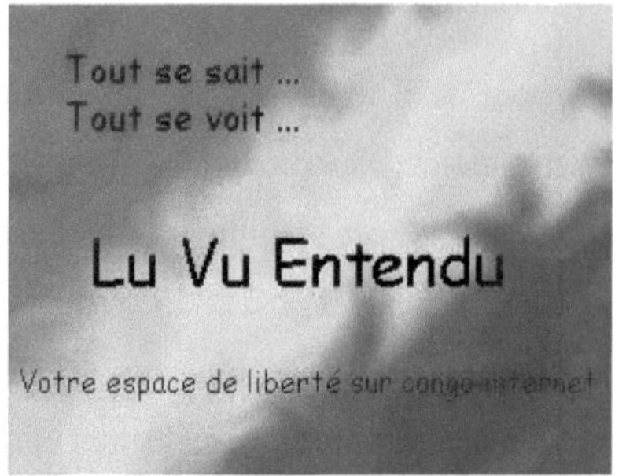

Poungui est un homme politique congolais qui suscite interrogations, haine et passion tant le personnage s'est façonné une image mystérieuse digne ...

Exprimez-vous sur le Moustique ! La liberté d'expression est un droit. Envoyez-nous vos articles à l'adresse articles@congo-internet.com Les commentaires sont ouverts à tous. Pas d'insultes mais plus de mots constructifs. L'insulte est l'arme du faible…

A lire : **Deux, trois petits conseils pour mieux écrire sur Internet**

Poungui est un homme politique congolais qui suscite interrogations, haine et passion tant le personnage s'est façonné une image mystérieuse digne d'un chef de secte. L'homme a occupé des fonctions importantes sous le règne du monopartisme dont le bilan économique et en perte de vies humaines fut catastrophique pour le Congo (Conclusion de la conférence nationale souveraine de 1991). Si Sassou Nguesso a assumé, Ange Edouard Poungui n'a jamais endossé, sa part de responsabilité dans la mauvaise gestion du pays alors qu'il était l'un des membres les plus influents du pouvoir sous Sassou I. On l'appelait en ce temps là au bureau politique du PCT « l'homme fort »

Qui connaît Ange Edouard Poungui ?

Ange Edouard Poungui a été un marxiste convaincu. Il est très proche sur le plan familial et idéologique de Sassou Nguesso qu'il appelle affectueusement « Tonton »

Ceux qui l'ont vu naître et qui l'ont côtoyé depuis des années le connaissent sous l'identité de Timothée Moungondo. C'est seulement depuis 1972 qu'il a changé d'identité au profit d'Ange Edouard Poungui. L'homme est un adepte de la métamorphose identitaire. Son personnage préféré est James Bond.

Pourquoi le prénom de Ange Edouard ?

Deux personnages principaux de la période du monopartisme ont profondément marqué Poungui : Il s'agit d'Ange Diawara et d'Ambroise Edouard Noumazalaye. C'est par amour pour ces deux personnages que Poungui opta pour les prénoms Ange Edouard.

Poungui n'a donc jamais été un lissoubiste ou un lissoubaphile sinon nul doute qu'il aurait choisi de s'appeler Pascal Poungui. Mais il a préféré dès les années 70 Noumazalaye à Lissouba. Il faut dire que dans les années 70, Noumazalaye, Poungui est les autres étaient très complexés des diplômes de Lissouba d'où cette alliance des « Cancres » contre le professeur des professeurs.

Poungui le traître.

Quand vous demandez aux hommes du pouvoir qui a trahi Ange Diawara ? Un seul personnage revient dans leur bouche : Ange Edouard Poungui. Pour brouiller les pistes Ange Edouard Poungui aurait été envoyé en 1972 à Ndjamena au Tchad. Le pacte de trahison aurait été possible grâce au mariage de Poungui avec la nièce du ministre de la défense de l'époque, un certain Sassou Nguesso. Notons que Poungui est le seul homme politique du sud du Congo à avoir construit sa première villa à Oyo. C'est dire comment il se sent si bien dans cette ville magique.

Poungui et la guerre de 1997

Dans la débandade de 1997, alors que tous les dignitaires du régime Lissouba cherchaient à se camoufler ou à échapper aux cobras, Ange Edouard Poungui qui résidait au Cameroun faisait le sens contraire en regagnant Brazza. Après tout, que pouvait-il lui arriver ? Son bel oncle venait de prendre le pouvoir. C'est seulement plus tard que Poungui a rejoint les exilés. Mais on sait que plusieurs fois il se rendit au Congo en passant par Kinshasa. Lors des derniers affrontements de Kinshasa entre Kabila et Mbemba, c'est encore Sassou Nguesso le bel oncle qui le sortit de la capitale à feu et à sang de la RDC pour le mettre à l'abri dans son palais présidentiel. Notons que Sassou Nguesso a toujours maintenu malgré l'exil de Poungui son salaire d'ancien premier ministre (environ 5 millions de FCFA par mois 7500 euros)

Conclusion

Sa traitrise avérée dans l'affaire Diawara-Ikoko, ses liens consanguins avec Sassou Nguesso, son instabilité politique depuis 20 ans, son idéologie marxiste, sa haine de la jeunesse léttrée, son refus d'endosser sa part de responsabilité dans le bilan calamiteux de Sassou I et enfin sa cupidité font de lui un des personnages les plus troubles du personnel politique congolais. C'est à ce titre que l'on peut affirmer sans risque de se tromper qu'il n'a pas la stature d'un homme d'Etat mais plutôt la stature d'un homme de Sassou. Diawara et Ikoko peuvent reposer en paix. Ange Edouard Poungui ne sera jamais président du Congo

Christian Okiéra

Journaliste

Je ne suis pas un économiste, un contrôleur de gestion, un expert-comptable encore moins un agent de la fiscalité donc je serai incapable de prouver combien de centaine de millions de francs CFA que le régime de Denis Sassou Nguesso détourne chaque année.

Mais ce que je voix de mes propres yeux franchement c'est alarmant. Ce sont des choses qui laisse à désirer.

En exemple, il y a deux chantiers qui ont commencés depuis quatorze ans mais jusqu'à présent en 2025 ce n'est pas encore terminer.

Il s'agit du chantier du plus grand marché de Pointe-Noire et du chantier du marché de friperie dans un quartier populaire de Tie-Tie. C'est vraiment déplorable que les vendeurs soient installés de chaque côté de la voie publique.

La route nationale N 3 qui arrive jusqu'à la frontière de l'enclave du Cabinda angolaise est dans un état calamiteux depuis et le gouvernement Collinet Makosso ferme les yeux. Les pauvres citoyens conducteurs passent deux, trois heures, voir même plus au volant pour arriver à destination soit du côté de la ville ou du côté de la frontière.

Et le président du Sénat Pierre Ngolo déclare que les élections du 20 mars 2026 se déroulent dans la paix et la sérénité, la paix de ces couilles. Qu'il vienne en séjour à Pointe-Noire pour visiter les routes principales et voir ce qui se passe au sein des quartiers périphériques pendant la saison des pluies.

 Je crois qu'il repartira la tête basse honteux et confus et dira à Denis Sassou Nguesso que ce n'est la peine de pouvoir se présenter à ces élections, car c'est le chao. Le limogeage du Ministre de Finance ce n'est pas la solution.

Il n'y a plus une seule société de transport urbain à Pointe-Noire. Et les élèves, les fonctionnaires, les commerçants paient le prix d'une gestion cocasse.

Ne forcer pas les choses lorsqu'on mit le pays a sac. Ils sont d'ailleurs très nombreux, les congolais originaire du Nord qui sont très déçus mais ils ont des bouches cousues de peur d'être emprisonnés et ou assassiner.

La Congolaise des Eaux, s'il faut donner une note, ça sera peut-être 5 sur 20 car eux même les cadres sont abonnés dans les forages d'eaux privées.

Le quartier Djeno, là où se trouve le Terminal du stockage de toute la production du pétrole brut produit en haute mer et à terre à Mbondi n'est pas électrifier. C'est invraisemblable.

Si j'écrivais un ouvrage essentiellement des critiques sur Denis Sassou Nguesso et son gouvernement ça serait le livre le plus volumineux en page avec 20 mille ou 30 mille pages et la journaliste Denis Epoté va me consacrer tête d'affiche du Congo Brazzaville non plutôt du Congo du Sud.

Mes frères et sœurs du Kouilou, réveillez-vous un peu et visualiser correctement l'état dans lequel se trouve la ville de Pointe-Noire.

D'aucun relate que Pointe-Noire est la ville pétrolière la plus dégelasse du monde. Ce n'est pas le fait que Denis Sassou Nguesso vous laisse le poste du Maire de la ville ou du Préfet que vous déviez vous réjouir.

Evidement ladite révolution n'est pas pire que toutes les dictatures qui ont existées dans ce monde.

Nous désirons seulement que l'Union Européenne, les Etats Unis, et les autres nations démocratiques comme le Brésil, la Suisse, le Royaume Uni etc. Et entre autres le Conseil de Sécurité des Nations Unis, les ONG comme la FIDH et la FIDE soient ferme et ordonne au tyran Denis Sassou Nguesso d'accepter sans remord la scission et de continuer à diriger à vie Brazzaville et tous les Départements du Nord dont il est originaire.

Nous allons nécessairement tourner une page de notre histoire car les militaires nous ont foutu que de la merde.

Leurs propres discours de hautes autorités politiques du P.C.T commencent déjà à changer parce qu'ils se sont rendus compte évidement qu'il ne devrait plus avoir des sujets tabous. Mais la ou le bas blaise, c'est qu'ils ne dénoncent pas les coupables des pillages des derniers publics.

Dans son discours du 1er février le président du Sénat Pierre Ngolo

 Lorsque le Président Comandant Marien Ngouabi a été assassiné en 1977, je n'avais que 13 ans et j'étais en classe de CM2. Mois même et ma famille nous avons suivi le procès en intégralité qui était transmis à la radio et à la télévision. Mais j'avais déjà à cet âge le pressentiment qu'il s'agissait d'une véritable mascarade.

Un procès truqué de toutes pièces pendant que Sassou Nguesso cela coulais douce vautrer sur son fauteuil dans sa résidence privée de Mpila.

J'ai écouté les accusés qui ne savaient même pas pourquoi ils ont été arrêtés. Des détenus carrément déphasés. Avec des verdicts de peine capitale franchement désordonné. Et au petit matin des gardiens de prisons venaient vous chercher pour vous tuer froidement et vous enterrer sans pitié dans les fosses communes.

Les prisonniers originaires du Nord étaient envoyés dans les prisons du Sud.

Et ceux du Sud du pays étaient envoyer dans les prisons du Nord du pays.

 J'espère que vous comprenez bien la malice de Denis Sassou Nguesso.

Il ne s'agit pas de tribalisme mais d'une révolution parce que nous sommes franchement fatigués de ce pouvoir dictatorial. Ceux ou celle originaires du Nord et hostiles du pouvoir de Denis Sassou Nguesso peuvent déjà réfléchir comment ils vont commencer à construire la République du Congo du Nord.

Par compte, pour ce qui concerne en République du Congo du Sud, il y a bien des personnes qui savent bien mener une révolution. De ce fait, ils doivent contribuer largement à cette révolution.

Si Denis Sassou Nguesso essaie de déployer ces soldats au niveau de nos cinq États du Congo du Sud pour nous intimider ou nous empêcher à révolter, ça sera peut-être une bonne chose car à quelque chose malheur est bon.

C'est en ce moment que nous allons demander une médiation des institutions internationale de l'ONU comme le conseil de sécurité.

Ou même tout simplement les États Unis. Parce qu'eux aux moins, ils ont la capacité de faire terre ces armes. Je me souviens très bien de la guerre des 90 jours au moment où le bandit de Saddam Hussein voulait ravir de force les gisements de pétrole du Koweït. Nous nous n'avons pas d'armes, donc je ne vois pas comment Sassou Nguesso peut oser nous bombarder.

Les élections prévues pour mars 2026 ne nous concernent plus, puisque nous ne faisons plus parti de la République du Congo Brazzaville depuis le début de cette nouvelle année 2025. Si ça va se tenir c'est à Brazzaville et au Nord du pays. Nous nous aurons une transition à gérer.

De ce fait, la donne va changer car les opposants du pouvoir en place auront le choix, soit de venir pour la révolution soit de participer une à une élection dont le vainqueur est déjà connu d'avance.

Si ces opposants ont des couilles bien suspendues pour vaincre le tirant Sassou Nguesso restez alors à Brazzaville et poser votre candidature.

Nous nous sommes des vrais patriotes et non des faux opposants. C'est le cas de mon frère Destin Gavet.

 Si votre parti fait encore confiance au système électoral du pouvoir en place, c'est bien, affronté le dirigeant DSN.

Mais pensez à notre frère Guy Parfait Kolelas, (Paix a son âme). Idem pour les tontons Joseph Kigouimbi Kia Mbougou, Pascal Tsaty Mabiala, tantine Claudine Munari et autres. Vous saviez que Sassou Nguesso est attirer par les personnes qui parlent beaucoup.

 Alors si vous prétendiez être vraiment des opposants charismatiques, vous seriez obligés de rejoindre le mouvement de la révolution et être présent dans un des **États de la République du Congo du Sud jusqu'à la proclamation officielle de l'indépendance et la souveraineté du Congo du Sud.**

Pour ce qui concerne le frère Frederick Bitsagnou alias pasteur Ntumi. Il faudrait bien qu'il explique à la population du Pool comme il bien écouté qu'il ne s'agit d'une rébellion ou une résistance pour vous paraphraser comme dans le passé mais d'une révolution.

La jeunesse du Pool doit comprendre le bienfondé de cette révolution.

Cette révolution est évidement non violente.

Mais nous devrions être bien déterminé.

Car s'il nous ne sommes pas unis nous seront encore foutus pendant plusieurs décennies.

En ce qui concerne les vrais opposants comme vous vous inventez de Denis Sassou Nguesso, logiquement ils doivent tous rentrer en République du Congo du Sud et laisser le dirigeant dictateur organiser les élections dont il sera le vainqueur. Il s'agit entre autres de Pascal Tsaty Mabiala, Claudine Mabomzo Munari,

Tonton Joseph Kignouimbi Kia Mboungou, ce que je vais vous dire, c'est raisonnable, qu'il faut quitter Brazzaville avant que le tirant d'Oyo puisse donner des ordres de vous mettre les menottes et vous conduire en prison, comme votre confrère Hydevert Mouyani. Vous le connaisser peut être mieux que moi.

Ce que nous désirons ardemment c'est la paix au sein de notre nouvelle République et non la violence, la répression, la corruption, et les détournements scandaleux de derniers publics.

Nous n'allons pas continuer à regarder le pouvoir en place piller les recettes de la manne pétrolière alors qu'il n'existe pas une seule université publique au Sud du pays pour ne citer que ça depuis quatre décennies.

Il suffit d'une simple étincelle et le tout sera jouer. La volonté s'alimente d'idées et de projets solides. La volonté permet aussi de rompre les obstacles et les barrières pour parvenir aux idéaux nobles et réussir pleinement.

L'URSS, l'ancienne superpuissance a été remplacée par quinze Républiques. Donc la scission n'est pas impossible. Il suffit de croire.

Je pense que cet ouvrage est un ouvrage du siècle que 90% des congolais du Sud attendaient. Les 10% restant seront tout à fait convaincus.

Ce que vous devriez savoir c'est que cette séparation a eu lieu à cause du comportement néfaste d'un sale type en la personne de Denis Sassou Nguesso. Mais, je crois que cette révolution est une aubaine. Ceux ou celle qui pensent qu'ils peuvent rester en République du Congo du Nord pour des raisons personnelles ce n'est pas du tout un problème.

Les autres qui aime bien revenir et vivre en République du Congo du Sud doivent attendre la réouverture des frontières.

Cette révolution n'est pas seulement une affaire de la population des villes comme Pointe-Noire, Dolisie, Nkayi, Madingou, Sibiti et Kinkala. Nous devrions faire en sorte que ceux qui sont dans les fonds fins du village soient informer et manifeste. Tous les quartiers de nos villes doivent être en ébullition sans exception.

Dès la sortie de cet ouvrage, nous devrions faire circuler l'information à la vitesse de la lumière. La révolution ce n'est pas un seul jour, une seule semaine ou un mois mais pour plusieurs mois de cette année 2025. Petit à petit, elle prendra corps.

Evidement cet ouvrage ne couvre que peut être 40% et les 60% revient à nous les personnes de poser cet acte sans possibilité d'abandonné.

Pour ce qui concerne les frères et sœurs de la diaspora de la (France, Belgique, Royaume-Uni, Chine, États Unis ect.) Le poste de Gouverneur ou de la Gouvernante de l'État du Kouilou vous est réservé.

Mais ne venez pas seul comme si vous venez pour les vacances d'été. Vous devriez vous organiser correctement et atterrir en groupe de cent, cent cinquante, deux cent personnes.

Parce que, si vous êtes seul le dictateur Denis Sassou Nguesso aura la force de vous faire arrêter ou vous faire expulser dans l'immédiat par le prochain vol. Or, si vous êtes très nombreux, c'est lui-même qui va se cacher par honte comme pendant notre conférence nationale en 1991.

Mais cette fois, je crois qu'il ne va plus se cacher dans sa résidence privée de Mpila mais plutôt dans son palais personnel d'Oyo.

Pesez-vous la question, pourquoi il n'avait pas ordonné de refouler tous ces conférenciers.

Lorsqu'il vient à Pointe-Noire, il ne fait jamais voir son visage au public. Il se cache dans une des voitures du cortège qui passe à grande vitesse.

Donc, je pense que, aussi bandit ou dictateur qu'il soit, ce con se méfie quand même. Et a peur de commettre certains actes crapuleux.

Vous devriez élaborer un calendrier des différents meetings et des marches. Grâce aux réseaux sociaux nous pouvons nous connecter aussi facilement. N'oubliez pas que seul la lutte libère.

Vous devriez prévoir des badges, des drapelets, des casquettes et des T-shiert ou nous pouvons lire :

Vive la révolution.

Vive la République du Congo du Sud.

Abas Denis Sassou Nguesso au Sud.

Ne touchez pas à notre Nouvelle République la R.C.S

En marche pour la démocratie intégrale en R.C.S

Etc.…

Ces petits gadgets, c'est non pas seulement pour vous mais aussi pour nous le peuple révolutionnaire résidant.

Lorsque, nous nous exprimons à travers les réseaux sociaux, chacun de nous dit ce qu'il pense pour ce pouvoir des barbares. Mais là maintenant, nous avons un seul et unique but, celui de la proclamation et la souveraineté de la République du Congo du Sud.

L'union fait la force. Et c'est le moment ou jamais de prendre ce risque, sinon nous seront foutu encore pour plusieurs années.

Nous ne pouvons pas d'abord compter sur une tierce nation pour commencer ladite révolution.

Lorsque Ali Bongo Ondimba pleurnichait comme un petit enfant qui réclame à manger en demandant à tous ces allies de faire beaucoup de bruit, personne n'est venu à son secours. Il a été abandonné a lui-même. Toutes ces années qu'il a passé au pouvoir étaient multiplier par zéro.

Alors chaque pays a sa façon de changer son histoire. Et nous, nous avons opté pour une scission.

L'opinion internationale va pouvoir se prononcer par rapport à notre agissement tout au moins ferme.

A toutes les différentes personnalités de toutes les congrégations religieuses du Congo Brazzaville.

Pourquoi ? vous ne parlez comme le fessait votre confrère le pasteur Martin Luther King Junior pendant la ségrégation raciale aux Etats Unis. Renseignez-vous, combien de fois il a fait la prison. Mais vous, je constate que vous avez très peur de la prison. Comment pouvez-vous avoir des cousues face à un pouvoir dictatorial. C'est vraiment absurde de prier pour la paix de notre nation alors il y a un président qui compte déjà quatre décennies au pouvoir sans partage.

Chez les voisins d'en face a Kishassa les religieux cadrent les politiciens. Vous devriez nécessairement vous impliquer dans la politique. N'oubliez pas que vous êtes une puissance et lorsque qu'il y a des dérapages il faut le dénoncer.

Dans quel pays de démocratie où les opposants qui osent poser leurs candidatures aux élections présidentielles sont emprisonnés où assassiner. Cette fois la révolution pour une scission entre le Nord et le Sud sera en marche.

Donc il sera question que vous écrivez où demander une audience à Denis Sassou Nguesso pour lui dire la vérité d'accepter de son propre gré la solution pour la création de deux États, **la République du Congo du Nord et la République du Congo du Sud.** Evidemment ça sera très difficile de lui faire avaler la pullule à cause des multiples gisements de pétrole, mais il n'a pas de choix. Lorsqu'il est né, il n'est pas venu avec de l'argent et il ne sera pas enterré non plus avec ces champs pétroliers. Alors pourquoi Denis Sassou Nguesso fait comme si le Congo Brazzaville était sa propriété.

Bachar Al-Assad est où en ce net moment ? Le père et le fils ont Regnier pendant combien d'années ?

Qu'il évite un bain de sang en faisant un discours d'apaisement. Et en plus la masse salariale des agents de la fonction publique va décroitre parce qu'il va désormais payer que ceux de Brazzaville et des départements du Nord.

Vous devriez en principe prier pour une alternance parce qu'il n'y a pas de paix sans démocratie. Mais vous n'aviez pas réagi. Alors vous avez sur vos bureaux respectifs le dossier de ladite Révolution.

Amène

A l'Attention de Monsieur le Président Donald Trump.

Nos sincères félicitations pour votre réélection à la tête de votre grand et première puissance mondiale.

Votre pays va bien mais le nôtre ça ne va pas vraiment à cause d'une absence totale de la culture de la démocratie.

Nous reconnaissons franchement que nous sommes dans la merde mais avec l'appuis des américains nous pouvons voir le ciel s'ouvrir.

 C'est la raison pour laquelle nous allons proclamer le discours du siècle relatif à une scission et implorer votre indulgence afin que vous veniez nous accompagner.

Nous avons besoin impérativement de deux Congo comme les deux Corée.

Vous avez les moyens pour sécuriser nos frontières et empêcher le dirigeant dictateur Denis Sassou Nguesso de nous massacrer.

Nous avons le projet de dissoudre l'armée en République du Congo du Sud afin que vous veniez à notre secours au cas d'une éventuelle agression car ce sont les militaires qui sont à l'origine de toute cette pagaille bien organisée.

Cette séparation pour nous est la seule et l'unique option car nous avions été dans la merde pendant quatre décennies.

Nous désirons vivre en **République du Congo du Sud** dans la paix et non dans la répression sauvage, la corruption, l'insécurité, et des crimes économiques des recettes de la manne pétrolière.

Nous allons compter sur vous pour le développement de notre nouvelle nation.

Antoine MAKOTI

Le Président des Sages de la Ville de Madingou

Co-Fondateur du Mouvement pour la Révolution de la Scission

L'Indépendance et la Souveraineté de la République du Congo du Sud.

A l'Attention de Monsieur le Président Emmanuel Macron

En ce que nous sachons, vous n'allez pas le regretter parce que vous aviez déjà beaucoup gagné et vous allez toujours continuer à gagner car les intérêts colossaux de la France sont basés en République du Congo du Sud.

TOTAL Energies Congo va toujours exploiter du pétrole pour ne citer que ça. Nous ne pouvons pas être des antis français car des nombreux congolais y travaillent et prennent soin de leurs familles.

Mais nous ne souhaitons plus d'ingérence en ce qui concerne cette scission. Souvenez-vous de ce que le Président Jacques Chirac a fait aux congolais par l'intermédiaire des troupes angolaises en 1997.

En France, le peuple ne pourra jamais au grand jamais accepter un président qui va modifier les articles de la constitution pour se maintenir au pouvoir pendant quatre décennies.

Nous avons besoin de vous, comme vous avez aussi besoin de nous.

Cette révolution de la population du Sud est arrivée à cause de Denis Sassou Nguesso qui a échoué lamentablement dans la gestion du pays dans presque tous les domaines. Si dans une nation les hôpitaux et l'université font des grèves qui durent des mois, est ce nous pouvons dire bravo papa Sassou Nguesso.

Il est temps d'appelé votre homologue et lui dissuadé afin qu'il accepte la création, les indépendances et la souveraineté des deux États.

La République du Nord pour le dirigeant dictateur et ces compatriotes du Nord.

Et la République du Congo du Sud pour nous les démocrates.

Maman TSIMBA Rachelle

Présidente de l'ONG de lutte contre la pauvreté dans le Village de Mabombo.

Ci-joint d'ailleurs la lettre ouverte à Denis Sassou Nuesso datant de 2016. Lorsqu'il avait tripatouillé notre constitution afin de se maintenir au pouvoir. Cependant je ne l'avais pas publiée par peur d'être interpelé, emprisonner, torturer, et ou assassiner. Vous comprenez que mon combat ce n'est pas un combat individuel mais pour tout le peuple du Sud marginalisé.

Jean Charles MVOUBI BOUTOTO   **Pointe-Noire, le 16 avril 2016**

Président du Mouvement en marche pour la démocratie

Libre penseur. Cofondateur du Mouvement le Sud en Marche

Ecrivain Nouvelliste, Dramaturge, Metteur en Scène

A

L'Attention de Monsieur Denis Sassou N'Guesso

Président du gouvernement provisoire

de la République du Congo

Objet : Lettre ouverte relative à l'abondant du pouvoir.

Monsieur Denis Sassou N'Guesso, président du gouvernement provisoire de la République du Congo, je sais pertinemment que vous aviez fait moins de bonnes choses et beaucoup de très mauvaises choses, depuis que vous aviez accédé à la magistrature suprême à partir de 1979. Tout le monde le sait et personne au Congo et dans le monde entier ne peut le contester, mais cependant avec tout le respect que je vous dois, étant un fils du pays né d'ailleurs la même année que votre charmante défunte fille ainée (paix à son âme) qui devrai avoir 52 ans d'âge cette année 2016, et pour votre dignité personnelle, je vous demande très sincèrement de laisser le pouvoir. Si vous me substituez à votre fille ainée en question, ou à un de vos enfants qui vous demande de laisser tomber le pouvoir une bonne fois pour toute la vie. Je ne pense pas que vous devriez me loger une balle dans le crâne, n'est-ce pas ? Je vous demande, très sincèrement en tout cas, de vous éloigner de votre propre gré de la scène politique, et que vous devriez vous considérez, en ce net moment comme un président qui assure juste une simple transition, raison pour laquelle, je déclare que vous êtes seulement le président d'un gouvernement provisoire, tout en respectant néanmoins le temps habituel d'un gouvernement de transition. Afin que le peuple congolais organise les élections libres transparentes et apaisées, évidement sans votre participation, car le peuple congolais a besoin d'un président qui sera encore élu démocratiquement et non celui qui prend le pouvoir par les armes ou en tripatouillant la constitution.

Je suis fatigué, comme de nombreux congolais de vous voir encore comme président parce que vous n'êtes qu'un dictateur sans foi ni loi. Vous n'allez pas continuer à nous tromper, nous embrouiller et nous divertir car cette façon de prendre le pouvoir n'est pas conforme aux règles et règlements de la République. Même si vous aviez été le meilleur étudiant de ceux ou celles qui ont fait Science-Po, vos collègues devraient vous dire de changer votre comportement inconcevable. On ne badine pas avec la constitution d'un pays, et on ne là considère pas comme un chiffon prêt à jeter à la poubelle. Je refuse que mon pays en tout cas, sombre dans le néant, dans le chaos et dans une léthargie infernale à cause de vous seulement. Il faut que vous partiez impérativement le lendemain à la première heure dès l'apparition de cette lettre ouverte. Même si, je peux mentionner mon numéro de téléphone, vous n'aurez pas le courage de m'appeler parce que vous serez très affaibli, au risque même de faire un AV.C. Même si vous consommez la drogue la plus forte du monde, vous n'oublierez jamais cette lettre ouverte toute votre vie. Comme vous avez l'habitude d'assumé, alors assumez en partant.

Ne durcissez pas votre cœur de quitter volontiers le pouvoir, car cette investiture c'est seulement un honneur passager mais au fond de vous, vous saviez très bien que votre victoire ou votre pouvoir, n'est pas un pouvoir légitime et authentique. Je prends à témoins tous les fils, toutes les filles du Congo et l'opinion internationale, notamment l'Union Africaine qui a fait la sourde d'oreille face à cette violation hyper grave de la constitution. Peut-être, qu'il n'y a pas encore un ou des articles qui sanctionnent les présidents qui tordent le cou à leur constitution, hélas, mais qu'à cela ne tienne, on ne triche pas avec l'histoire. Vous allez toujours, quoi qu'il en soit fini par répondre de vos actes devant le peuple congolais. Imaginez un Barack Obama président des États Unis d'Amérique, arrivé à la fin de ses deux mandats et s'hasarde de changer la constitution pour vouloir se maintenir au pouvoir, ça sera pire qu'un Tsunami de la

Centrale électrique de Fukushima et pire que les bombardements de Nagasaki et d'Hiroshima réunis.

Ce qui se passe au Bénin, pour ne citer que ce cas, ne vous fait pas vraiment plaisir que votre homologue le président Thomas Boni Yayi est devenu une référence en Afrique, parce qu'il a tout simplement respecté la constitution de son pays, et naturellement cet article de la limitation du mandat présidentiel. Pourquoi ? Vous ne voulez pas être un homme de caractère afin que le peuple parle de vous en bien. Pourquoi ? Voulez-vous toujours que le tableau de votre vie politique soit peint en noir. Vous avez même falsifié votre acte de naissance, parce que vu votre âge avancé, vous ne pouvez plus vous représentez.

Vous pouvez et pourtant sortir par la grande porte, comme l'a fait le président Mathieu Kérékou qui a été inhumé avec tous les honneurs d'un chef d'Etat en exercice ou comme le président John Jonathan du Nigeria et le président Abdoulaye Wade, même s'il a voulu, lui aussi tripatouiller la constitution pour chercher de se faire soi-disant remplacer par son fils. Prenez conscience de votre vie politique dans une alternance démocratique apaisée, et dites que ça suffit, et qu'il est temps de prendre votre retraite anticipée ou carrément abandonné le pouvoir car après le palais, il y a toute une vie paisible, disait un ancien président du Sénégal, j'ai cité Abdou Diouf, s'il vous plaît, suivez au moins l'exemple de tous ces hommes intègres et vous allez vous sentir très bien dans votre peau. En politique tous les moyens ne sont pas bons disait le philosophe Jean-Paul Sartre.

Je me rappel, dans le passé que vous aviez parlé de la paix des cœurs et de la tranquillité des esprits, mais, vous faite tout à fait le contraire, même si ces slogans ne sont plus à la mode. La paix au Congo, à mon avis se repose sur un volcan. Imaginez un instant, si une farouche rébellion se crée, comme celle de Savimbi en Angola à l'époque à cause de votre comportement néfaste, le Congo devra sombrer dans une guerre civile sans merci comme celle de la Côte d'Ivoire, du Libéria, de Sierra Léone etc. Parce que tout simplement, vous voulez être comme un petit roi. Ne cofondez plus le temps passé, nous sommes à l'ère de la démocratie. J'ai le droit et le devoir de revendiquer nos valeurs citoyennes. Ces simagrées de briguer le pouvoir sont révolus. Nous sommes quand même au 21e siècle, mais enfin, qu'est-ce qui vous prend ? Papa Sassou N'Guesso.

 En ce que je sache, vous n'allez pas mourir pauvre, vous et votre famille. Vous saviez quoi ? Si vous étiez un peu plus cultivé, vous devriez lire dans certains ouvrages écrits par Gandhi que, c'est « Un péché contre l'humanité » que de posséder des richesses superflues alors que d'autres ne parviennent même pas à satisfaire leurs besoins vitaux. Gandhi pensait que les riches ne devraient prendre que ce dont ils avaient besoin et garder le reste en dépôt pour la communauté.

Emmenez si vous voulez tout cet arsenal militaire des Forces Armées Congolaise et des hommes de combat, là où vous irez de peur, peut être que le Tribunal Pénal International puisse envoyer un juge d'instruction pour enquêter sur tout ce que vous aviez fait de mal, car nul est au-dessus de la loi, mais, si ça ne tenait qu'à moi, je ne devrais pas vous poursuivre, vous laissez la vie sauve, il faut plutôt repartit sur des nouvelles bases, car en ce qui concerne la culture de la démocratie, il reste encore beaucoup à faire, vous aviez inculqué aux congolais une mauvaise mentalité des droits sur toutes les formes. Il existe une cacophonie incroyable au Congo. Il faut vous repentir et demandé pardon au peuple congolais, peut être que vous pourriez recevoir le prix Nobel de la paix comme le président Frederick De Klerk, Nelson Mandela, Martin Luther King et bien d'autres. Ça au moins ça sera un honneur bien mérité.

Comment pouvez-vous parlez d'une paix véritable à travers notre territoire pendant ce temps, dans le département du Pool, il y a des déplacements massifs de la population à cause des avions et les hélicos qui pilonnent les habitations pour rechercher un seul individu, et vous faites semblant de parler de rébellion, comme si vous ignorez ce que c'est une rébellion. Vous vous agitez sans avoir la maîtrise des lieux, la preuve vous êtes incapable de le trouver jusqu'à présent. D'aucun parle même des enjeux politiques entre vous et ce fameux rebelle de pasteur Ntumi.

Monsieur le président, je n'oublierais jamais que, vous êtes un frein pour l'alternance démocratique au Congo Brazzaville, la protection ou la sécurité des biens et des personnes ne sont plus garantis, car à chaque événement les antis valeurs pillent des biens des paisibles citoyens. Vous le saviez bien, tout ce que je sais, c'est que, c'est vous qui aviez interrompu le processus démocratique qui, et pourtant avait bien commencé au sortir de la conférence nationale.

 Les congolais qui sont content de vous revoir à la tête du pays sont vraiment naïfs. J'ai suivi le discours à l'occasion de votre investiture en toute intégralité, c'est un beau discours qui m'a d'ailleurs touché, mais, je pense que tout ça, c'est des vains mots et les belles phrases pour tromper le peuple congolais, car il y aura sans doute, qu'on le veuille ou non, les promesses que vous n'allez pas tenir d'ici jusqu'en 2021. Nous attendons la réalisation du projet du barrage de Sounda, Je paris ma tête, que vous ne le ferez absolument pas, évidement si vous n'abandonnez pas ce pouvoir. Les congolais ont applaudis dans le néant, au cours de ce meeting, ce jour-là au rond-point Lumumba. Je me rappelle aussi que vous aviez déjà parlé de l'autosuffisance alimentaire pour tous d'ici à l'an 2000, mais arriver à cette date précise la situation est devenue pire qu'avant, se nourrir correctement est devenu une jungle infernale. Le Congo patauge désormais dans une grave crise politique économique et sociale ruinée et affaiblie par vous. Votre place ne se trouve plus à présent là où vous êtes. Tout est désormais clair comme de l'eau de source.

Le problème c'est que notre pays est doté bel et bien d'une constitution en bonne et due forme que vous avez juré de respecter et de la faire respecter tous les temps, mais cependant vous semez quand même la zizanie. C'est vraiment dommage que vous l'a bafoué aujourd'hui, alors que dans cette constitution, il est bien écrit noir sur blanc, que vous ne pouvez plus, vous représentez aux élections présidentielles de 2016, étant donné, qu'il y a des articles dans cette constitution qui ne peuvent pas faire l'objet d'un changement ou d'une révision.

 Si vous ne respectez pas le peuple congolais, comment voulez-vous que les congolais vous respectent. Je ne peux plus, vous le rappelez que vous êtes le premier magistrat congolais, mais hélas, c'est vraiment regrettable, franchement, vous n'aviez pas ce pressentiment-là, d'avoir fait une mauvaise chose au vu et au su de toutes les nations du monde entier.

Si vous êtes un homme crée par Dieu avec tous les sens, J'attends impatiemment votre mea-culpa dans les prochains jours à l'égard du peuple congolais et vous devriez faire vos valises pour rentrer enfin dans votre village natal de surcroît très bien aménagé. Si vous la faite, vous allez marquer l'histoire non pas seulement du Congo, mais de toute l'Afrique et du monde, et personne, je crois n'aura plus encore le courage d'essayé exhumer tous les dossiers sombres de votre passé.

Certains congolais qui étaient en train de dormir comme un pilon vont se réveillez en sursaut et vous diront merci papa Sassou, nous avions des yeux fermés mais maintenant nous avons ouvert les yeux sur le monde, car dans la mondialisation la démocratie est très capitale et le Congo sera désormais une grande nation de démocratie, où les peurs, la haine, les guerres civiles, les conflits, le tribalisme et les arrestations arbitraires disparaitrons.

Monsieur le président, si un de vos petits-fils vous pose un jour la question de savoir pourquoi ? Le président Baise Campaoré vit en exil en Côte d'Ivoire, Pourquoi ? Hissein Abré a été jugé et condamné à perpétuité au Sénégal. Pourquoi ? Les Irakiens avaient tué leur président par pendaison, quelles seront vos réponses. Si un autre, que je considère le plus sage de vos petits-enfants, ou la plus grande de toutes les petites filles, vous fait une réflexion extraordinaire en disant :

Papy pourquoi ? Vous dirigez ce pays pendant au tant des années. Papy, 32 ans ce n'est pas un peu trop, il n'y a plus d'autres congolais aptes à diriger le Congo ? Quelle sera votre réponse sans indiscrétion.

En ce qui me concerne, même s'il y a eu 100 % de suffrages exprimés, tout ça c'est multiplier par zéro. Il faudrait que les futures générations comprennent bien que le semblant Dialogue de Sibiti et le fameux Référendum n'avaient pas la raison d'être. Il n'y a pas des arguments possibles qui tiennent pour le justifier, si ce n'est pas une façon seulement pour vous de chercher à se maintenir au pouvoir. Vous vous trompez largement, si vous pensez bien faire, même si vous mourrez au pouvoir, au contraire votre nom sera très sali après la mort. Le seul et l'unique bon service que vous pouvez rendre à votre progéniture, jusqu'à la 4ᵉ génération, c'est de quitter le pouvoir plus tôt, avant que les choses vous quittent, plus ou moins d'une façon humiliante, comme certains de vos homologues du continent.

Aucun Sassou N'Guesso et ou un N'Guesso comme il y en a maintenant plusieurs ne sera en tout cas bien vu dans ce pays. Votre famille sera contrainte de s'éparpiller à travers le monde sans qu'on les chasse. Vous allez laisser les N'Guesso dans une impasse. Monsieur Denis Sassou N'Guesso changez tout de suite d'avis en renonçant à diriger le pays et de se démarquer de cette bêtise humaine que vous aviez commise en tripatouillant la constitution, c'est une honte non pas seulement pour vous, mais aussi pour toutes les filles et tous les fils de notre nation, la République du Congo.

En ce que je sache, la dictature est pratiquée par des hommes lâches, parce qu'ils leurs manquent des arguments pour se défendre. Voilà pourquoi, pour un rien vous êtes obligé de déployer les militaires ou les policiers alors qu'il s'agit dans la plupart des cas d'une manifestation pacifique du peuple. Vous nous privé de notre liberté d'expression parce que vous ne voulez pas que le peuple vous dise la vérité, mais tout ça, c'est à notre avantage, et cela ne fait que renfoncé notre capacité d'agir. Cependant, il est maintenant temps, je crois que notre génération prenne notre destin en main afin de vous mettre hors d'état de nuire. Il s'agit en fait que la jeunesse puisse redorer le blason de la vie politique de notre patrie.

A bon entendeur salut.

N.B : Je pense que, même si vous construisez un gratte-ciel la plus haute de la planète ou un terrain de Foot Ball au milieu de l'océan atlantique ou bien sur la surface du fleuve Congo. Même s'il n'y a plus un seul chômeur, même s'il existe maintenant un métro sur le trajet Brazzaville- Oyo- Edou, je n'oublierais jamais de la vie, que vous êtes un homme très dangereux, un père malhonnête et hypocrite, tout ce qui compte pour vous c'est le pouvoir. A présent, considérez-vous comme un président qui a commencé une transition, jusqu'à la date de votre démission. Maintenant ça n'engage que vous de respecter ou non la durée de cette transition, j'espère que vous n'allez pas pouvoir chercher à battre le record du monde de la longévité au pouvoir. **Espèce de bandit politique que vous êtes sans foi ni loi.**

Vous allez m'excusez, peuple africain. L'Union Africaine est une institution pas trop fiable. Parce que, pourquoi ? Elle ferme les yeux lorsqu'il y a des présidents qui tripatouillent leur constitution respective pour se maintenir au pouvoir.

Pourquoi ? Vous ne dites rien, quand il s'agit des violations graves en ce qui concerne la liberté d'expression des peuples.

Cette Union Africaine joue quel rôle normalement ? Plusieurs opposants croupissent dans les geôles des Maisons d'Arrêt seulement parce qu'ils ne sont pas du tout d'accord de la façon de gouverner des pouvoirs en place.

Combien de présidents ne respectent pas la limitation des mandats présidentiels.

Pourquoi l'Afrique Centrale est restée en marge de la démocratie intégrale.

Et pourtant la CEDAO fait quand même quelque chose de bon, en interdisant le fou président Yaya Jammeh de voler la victoire de son adversaire Adamo Barron.

La ville de Goma de la R.D.C vient de tomber au vu et su de l'opinion internationale. Ou est alors la crédibilité de cette Union Africaine.

Cette révolution va se faire nécessairement et personne ne pourra nous arrêter. Dieu sera avec nous parce qu'il sait que nous défendons une cause juste. Si Brazzaville et le reste de la population du Nord hostile au pouvoir de Denis Sassou Nguesso peuvent lutter pour le changement d'un autre président qui va diriger leur République du Nord tant mieux.

Par compte les jeunes et les adultes de deux arrondissements N 1 Makelekele et N 2 Bacongo du Sud de Brazzaville doivent se retrouver au moins une fois par semaine pour élaborer un bon plan du début de la révolution.

Et celui ou celle qui a le charisme de transmettre le bien-fondé de cette révolution qu'il prenne la parole.

Et à chaque fois que vous vous retrouvez, vous devriez publier les vidéos à travers les réseaux sociaux.

Pus les manifestations ont une ampleur considérable, plus le pouvoir de Denis Sassou Nguesso sera asphyxié et cédera. Seule la lutte libère. Cette révolution est non violente. La seule arme que nous avions c'est notre parole. Nous devrions rêver très grand.

La seule et l'unique option de sortir de cet abîme c'est la révolution jusqu'à la proclamation de l'indépendance et la souveraineté de notre **Nouvelle République du Congo du Sud.**

VOICI LE SPECIMEM DE NOTRE NOUVEAU DRAPEAU

DE LA REPUBLIQUE DU CONGO DU NORD

UN FOND BLANC AVEC UN CERCLE VERT

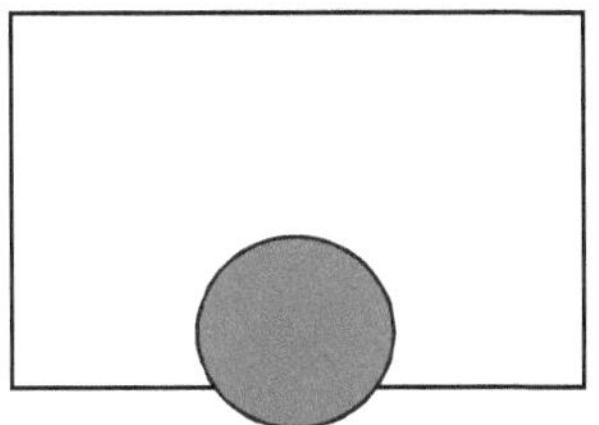

Et notre devise c'est :

Justice-Solidarité-Emergence

<u>N.B En conclusion</u>

Puisque, l'homme propose et Dieu dispose. Je pense que vous ne serez plus obligé de me propulser à la magistrature suprême de la première République du Congo du Sud contrairement à ce que j'ai écrit au début.

Car tout peut changer, on ne sait jamais.

Mais de grâce, ne prenez pas cet ouvrage pour la blague, l'écriture, les paroles sont des véritables armes.

 Sinon les journalistes ne devraient pas être arrêtés, emprisonner et tuer. Sinon Nelson Mandela pour ne citer que lui ne devrait pas faire vingt-sept années en prison.

C'est le moment ou jamais de prendre notre destin en main.

Merci beaucoup à Alain Foka et Marcus Garvy pour vos citations qui me touchent profondément.

<u>Alain Foka</u>

Nul n'a le droit d'effacer une page d'histoire d'un peuple, car un peuple sans histoire est un monde sans âme.

<u>Marcus Garvy</u>

Un peuple sans connaissance de son histoire, de ses origines et de sa culture passée est comme un arbre sans racines.

Je suis aussi moi-même un révolutionnaire en puissance. Mais je ne serai peut-être pas le père de ladite révolution.

Isabelle Boni-Claverie dans un essai ou elle parle de l'Afrique et des Africains... écrit :

La génération des Africains qui ont conduit leur pays à l'indépendance dans les années 60 a fait de son mieux, mais elle n'a que très partiellement réussi la mission que l'histoire leur a assignée. Aujourd'hui cette indépendance, c'est à nous de l'achever car sinon, on en paie le prix, quel que soit l'endroit de la planète où l'on vit. Bravo ma belle

Jean- Pierre Turquoi écrivain et ancien journaliste du Journal le Monde écrit :

Le pouvoir dans nombre d'anciennes colonies est tombé entre les mains de gens médiocres, sans envergure, voire des escrocs finis. La France porte une grande part de responsabilité.

Même si j'ai blanchi plusieurs nuits.

De toutes manières, il y aura nécessairement des candidats qui ont des voix qui portent et le courage de manifester. A chacun de nous son charisme.

Le discours est ouvert donc celui ou celle qui adhère à cette révolution peut le lire ou qu'il soit.

Un homme doit choisir. En cela réside sa force, le pouvoir de ses décisions disait Jean d'Omerson.

En réalité, le pouvoir actuel de Brazzaville, et ceux qui seront à la tête de la République du Congo du Nord sont largement gagnant parce que tout simplement ils ont amassé des centaines des milliards et des milliards pendant quatre décennies.

Cependant la République du Congo du Sud est à reconstruire car il manque plusieurs choses à faire.

Et si la population du Nord n'arrive pas à équilibrer cette équation c'est vraiment lamentable.

Nous sommes en tout cas fatigués de revivre de nouveau une guerre fratricide. Combien d'exilés politiques et économiques le Congo peut compter ? Depuis que ce régime barbare est au pouvoir.

Il appartient donc à Monsieur Denis Sassou Nguesso de faire preuve d'une grande sagesse et de laisser la création de deux États indépendants et souverains :

<u>la République du Congo du Nord Et la République du Congo du Sud</u>

Table des matières

Printed by Books on Demand GmbH, Norderstedt / Germany